用歡喜的心情，

面對

苦惱的事情 *face distressed things with joy feelings*

作家愛倫堡曾經說過這麼一段話：
對一個人來說，日子過得快不快活，不在於他的家世、他的膚色、他的財富，
或是他擁有什麼權力和地位，而是他用什麼心情面對自己的人生。

確實，未來的人生會如何，完全在於自己怎麼選擇，只要叮嚀自己隨時保持歡喜、樂觀的心情，就能營造出美麗的人生。
對於那些讓自己感到苦惱、煩憂的事情，與其想盡辦法逃避，不如以坦然的心情面對。
不用負面的角度看事情，生活就不會有那麼多痛苦。
隨時抱著歡喜的心情看待眼前的人、事、物，用歡喜的心情活在當下，生命才能減少懊悔和遺憾。

出版序

用歡喜的心情，面對惱人的事情

無論何時何地，如果可以學會轉換自己的心情，你就能夠擁有一個不受煩擾的寧靜心靈。

作家愛倫堡曾經說過這麼一段話：「對一個人來說，日子過得快不快活，不在於他的家世、他的膚色、他的財富，或是他擁有什麼權力和地位，而是他用什麼心情面對自己的人生。」

確實，未來的人生會如何，完全在於自己怎麼選擇，只要叮嚀自己隨時保持歡喜、樂觀的心情，就能營造出美麗的人生。

有一天，有個年輕人著手把自己認為的人生「美事」，列成一張表，就像有些人列出自己的產業，或者希望有的產業一樣。

他的這張「渴望」清單，包含了健康、愛情、美麗、才能、權勢、財富、和名譽……等。列完這張清單，他十分得意地把它拿給一位聰明的長者過目。

年輕人很有把握地說：「這張表可以說把人生在世最大的美事都包含在裡面了，我想，能全部擁有的人，應該就足以稱之為神仙吧！」

老人的眼睛深處閃爍著饒富興味的光芒，只見他含蓄地說：「這張表真是棒極了。」接著他又若有所思地指出：「內容收集得很齊全，順序也安排得很合理。可是，年輕的朋友，你似乎忽略了最重要的一項。如果忘掉這一項。那所得的種種就會成為可怕的痛苦。」

「那麼，」年輕人用不以為然的語調問道：「您說說看，哪一項沒有列進去？」

長者拿起一枝鉛筆，在整張表上掠過，然後一筆把年輕人所有青春美夢的結構畫掉，並在上面寫了幾個字：心靈上的愉悅。

長者語重心長地說：「這是上蒼給予特別眷顧的人的禮物。祂賜給很多人才能和美麗，財富所在皆有，名譽也屢見不鮮。可是，心靈上的愉悅其實才是祂應許的最後獎賞，是祂愛的最高表徵，須賜時也最審慎。大多數人都沒有蒙賜這種恩澤，有些人等待了一生，就是為了它的降臨。」

的確，心靈的愉悅，比起其他外在的財富確實是重要多了。一個人如果沒有歡喜的心，再多的錢財也填補不了內心的空洞。

反之，一個人要是心境保持愉快，即便遭遇到世間最大的不幸，也能保持一顆平靜而無怨怒的心快樂生活。

無論何時何地，如果可以學會轉換自己的心情，你就能夠擁有一

個不受煩擾的歡喜心靈。

曾有人說過：「快樂不能強求，但煩惱卻是可以避免的。」一個人能否快樂，正是看他在遇到問題時，願不願意將埋怨轉化為更堅定的信念。

多半時候，順境與逆境的差別，其實只是在於心境上的改變。放下煩憂，才能讓自己過得輕鬆。

再者，假使我們試著把人生比喻成一首曲子，前奏通常充滿痛苦緩慢的音調；但也正因為如此，才更能對比出之後的幸福喜悅與美妙。

人生中，痛苦是難以避免的，但也就是由於點點滴滴茫然與迷途的累積，人才能從中找到方向，進而編織屬於自己的幸福之舞。

就算身處逆境之中，我們也不能輕易地心生絕望，而是要帶著希望與堅強勇敢走過眼前的黑暗，用歡喜的心情面對苦惱的事情。

2. 換個想法，就能豁然開朗

如果連四肢不健全的人都可以慶幸自己還能思考，那健康如你我，就更沒有理由嘆息了！

3.

不輕易放棄，好過坐以待斃

如果一定要面對絕望，那何不乾脆豁出去，抱著絕望繼續走下去呢？比起坐以待斃，這樣也許還來得積極多了。

4. 焦慮，只會製造心理壓力

先把未來的結果放在一邊吧！與其把時間用在擔心失敗，還不如竭盡全力好好地做呢！

5.

努力是開啟成功大門的鑰匙

一個能夠拋棄一切憑藉，放棄一切外援，凡事都依靠自己的人，才是能夠獲得勝利的人。

6. 皺紋也是人生的一種過程

歲月表現在人身上的，除了皺紋以外還有歷練。除去歲月的烙印，也等於抹滅一個人顯露在外的人生刻痕。

7. 替自己找到更好的遠景

從今天起，我們每天要有半小時的時間與人群隔離，使自己心神鬆弛。在半小時裡，我們要替自己的一生找到更好的遠景。

8.

麻煩越少，幸福越多

從「你們要人家怎樣待你，你們也要怎樣待人家」的訓戒中，你可以找到最簡單，也是最有效的求快樂的秘訣。

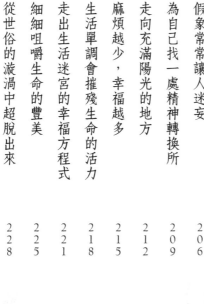

9. 保持冷靜，才能擁有幸福人生

得意時，要以如履薄冰的心情來前進，穩紮穩打地開拓人生的道路，否則，很容易因此產生遺憾。

PART1

想太多，不如實際行動

任何事情，想得太多只會讓自己更加恐懼，
倒不如什麼都不預測，只管去做就對了！

擺脫自我嫌惡的情緒

如果你遭受別人的輕視，請別放在心上，要以實際的行動為自己爭一口氣。

人生在世，超過一半以上的困擾和煩惱，其實都來自於我們心中堆積了太多大大小小的「石頭」，以為生活不可能像自己想像中那樣簡單，因此才會讓自己陷入自尋煩惱、自作自受的心靈禁錮之中。

遭到別人輕視並不可恥，每個人都有過這樣的經歷，不必因此產生自我嫌惡的情緒，也不必因而自卑地折磨自己。

其實，靈魂的卑賤才是最可恥的，如果你不為自己爭口氣，那麼就永遠也抬不起頭來。

「為什麼你這麼沒用，成績總是這麼差？」

在我們周遭是否也有被父母如此責備的子女？或是被上司、同事挖苦：「那麼差勁還要來這裡上班」的人？

對於這類的責備和嘲弄，除非是感覺很遲鈍的人，一般人往往都會耿耿於懷而無法釋然。

有人會陷入「為什麼我這麼沒用？」的自我嫌惡情緒裡。

也有人會因而自暴自棄，認為反正自己就是這麼笨，甚至放棄了工作和讀書。

但是，被這麼挖苦、責備的人，真的都是這麼沒用嗎？

事實並非如此，每個人都必然有一些優點，也必然有一些缺點。我們可以說，這世上不可能存在足以如此輕蔑他人的天才，更不存在可以被如此輕蔑的傻瓜。

人如果不能發掘別人潛在的優點，卻反而一味批評別人「你是無用的人」，這才是最不應該的行為。

佛教故事中說，世尊生前收了一個名叫周利槃特的弟子，是一個智能很低的人，不管教他什麼，他都沒有辦法完全記得。所以，其他的弟子都瞧不起他。

佛陀得知這種情形，便叫周利槃特到面前來，告訴他：「別人都認為你做不好任何事情，但我相信你絕非真正的傻瓜。以後你只要專心唸誦『拂塵、拂塵』，並把大家的鞋子擦拭乾淨即可。」

於是，周利槃特此後便很高興地唸誦著，即使遭受別人嘲弄，也完全不放在心上，只專心地整理鞋子。

久而久之，就再也沒有人瞧不起他，反而有人感謝他的善行，他本身也終於領悟了世尊這句話的含意。

佛陀的主要用意，是要他完全掃除心中的污染，也就是無謂的煩惱，他果然不負佛；佛陀的寄望，終於到達了阿羅漢的境地，後來成為十六羅漢之一。

周利槃特的故事提醒我們，如果你遭受別人的輕視，請別將冷嘲熱諷放在心上，而要以實際的行動為自己爭一口氣。

自卑雖然與驕傲相對，但實際上卻與驕傲最為接近，由於痛苦而將自己看得太低，就是自卑。——史賓諾莎

有勇氣，就能戰勝困境

今日的世界處處充滿著挑戰、不安與變數。但只要我們有面對現實的意願和智慧，便能擁有無窮的力量和安慰。

美國著名的激勵作家馬登曾經寫道：「能抱持著希望生活的人，當別人看到了失敗，他卻看見了成功；當別人瞧見了陰影和風雨，他卻看到了陽光。」

好的結果，往往來自好的念頭，積極樂觀、對生活充滿希望的人，通常能在看似不幸的際遇中戰勝困境。

這是蓋提斯堡之役初期的一個小故事。

在白宮裡，林肯在室內徘徊，既孤寂又煩擾，作戰的報告不斷湧進，美國的命運還沒有決定。

當時，每個人都似乎驚惶失措。此時，林肯走進自己房內，把門鎖上，獨自跪在地上，手托著頭，像個小孩般在禱告。

後來，林肯對他一個朋友談到當時的情形：「我告訴上帝我已經盡心竭力，現在結局如何，都在上帝手裡。假如我國能得救，那都是上帝的意旨。說也奇怪，這時，我肩頭上的重擔完全卸了下來，緊張的焦慮也減輕了。我有了莫大的信心。」

關於這段故事，只要引用一位哲人說過的話，便足以解釋一切：「我們要獨立思考，光明正大地看待世界一切善的、惡的、美的、醜的，正是客觀而不是害怕現實。用智慧征服自然而不是僅僅懾於自然的淫威，甘願俯首聽命。」

某種程度上來說，今日的世界也像過去任何危機來臨的年代一樣，處處充滿著挑戰、不安與變數。

但是別忘了，只要我們有面對現實的意願和智慧，便能擁有無窮的力量和安慰。

法國文豪羅曼．羅蘭是這麼說的：「一個人最可怕的敵人，就是沒有堅強的信念。」

沒有信念，就形同沒有希望，一個絕望之人，是怎麼樣也無法鼓起力量，戰勝眼前一切困難的。

你相信嗎？只要有勇氣，一切的問題都可以迎刃而解。

失去財產，只是失去了一點兒；失去榮譽，你就失去了許多；但要是失去了勇氣，你就把一切都失掉了！

——歌德

想太多，不如實際行動

任何事情，想得太多只會讓自己更加恐懼，倒不如什麼都不預測，只管去做就對了！

人生最糟糕的狀況就是滿腦子灰暗、偏執的念頭，陷溺在負面思維中無法自拔。

心境決定一個人的處境，當我們哀怨自己不幸的時候，何不試著調整自己的心境，用歡喜的心情面對那些惱人的事情？

「身為一名艦長，只要讓他的座艦一直保持在敵艦的舷側航行，就不會錯了。」

一八〇五年十月九日，英國海軍總司令納爾遜在致所屬官員的函告中寫下了這句話。十二天以後，他在著名的特拉法加之役中，英勇戰死在自己的艦上。

當然，現代戰爭的偵測器材和戰術已經相當進步，今日的戰艦幾乎不可能原原本本照納爾遜的話做，可是，納爾遜這句忠告的精神卻是永遠不變的。

「猛烈的攻擊，就是最好的防禦。」這是一項軍事作戰原則，但這項原則同樣可以運用在戰爭之外。

所有個人、國家，或者是戰爭問題，假使你不逃避，而是正面面對，問題自然就會變小。

這個道理，就像是觸碰帶刺的薊花，如果小心翼翼或許會覺得刺痛，狠狠抓上一把，花刺反而被壓平了。

同樣的，任何事情，想得太多只會讓自己更加恐懼，倒不如什麼都不預測，只管去做就對了！

莎士比亞曾說：「想像中的恐怖，遠勝於實際上的恐怖。」

確實，只要勇於面對，很多時候你會發現事情並沒有自己想像中的那麼糟糕，那麼嚴重。

只要勇於面對，你會發現問題其實可以很容易解決，並非如想像中那樣毫無轉圜的餘地。

一味逃避問題，根本不能為你帶來心靈上的輕鬆，反而還會讓你的心永遠擱著一塊石頭，得不到解脫。

敢於正視現實，是有膽量的表現。

——美國作家愛默生

懂得感恩，就不會滿懷怨恨

感恩的心情，可以平息內心的怨怒與不滿，讓你的心拋開煩憂，變得無比平靜，不再因為小事情感到煩躁。

英國詩人濟慈曾經寫過如下的詩句：「……洶湧的海水像牧師般匆忙，施下聖潔的洗禮，沿著塵世的人類海岸……」

當你哀傷的時候，這幾行詩或許也能為你帶來些許慰藉。

上天無窮盡的包容，就如同波瀾壯闊，廣納百川的海洋一樣。

儘管在城市中、在會議室裡，我們眼前面對的人是如何頑劣，海浪始終在吟唱著讚美詩。從千百萬年前它們就在唱，戰爭時它們還是繼續唱，即使是在步調繁忙的今日，也從未停歇。一旦心裡充滿這樣平靜的想法，所有使人煩亂不堪的雜事就可以如煙霧一般消散。

要得到這種寧靜並不難，只要經常懷著感謝萬物的心就可以了。感恩的心情，可以平息內心的怨怒與不滿，讓你的心拋開煩憂，變得無比平靜，不再因為小事情感到煩躁。

因此，當你面對眼前發生的所有事，不管是好或壞、快樂或悲傷、幸還是不幸，不妨試著用感謝的心態看待。相信，你一定可以從中體會到何謂豁然開朗的愉悅與輕鬆。

> 不要小題大作，不要讓小事情——生命中的小白蟻——摧毀你的快樂。
>
> ——美國心理學大師卡內基

把握當下，未來才能過得更好

無論未來如何，今天仍然是我們的，所以我們有義務活得充實，每個人都必須繼續在自己的花園裡除草。

眼前的生活，或許是你不願意面對的，但是，如果你不能暫時忍受那些扎在心頭的芒刺，又如何建造一座屬於自己的心靈花園呢？

聖方濟各在花園中工作時，有人問他，假如馬上曉得自己會在當天日落時歸天，他最想做的事是什麼?他毫不猶豫地回答：「我要除完花園中的草。」

從現在的眼光看來，這番話簡直就是針對今日所有充滿煩惱的年輕人而答的，因為他們剛剛開始在這個世界上獨自生活，而這個世界看起來卻好像沒有什麼安全感。

不過，看看聖方濟各所說的話，再回過頭來想想：二次大戰即將爆發時，為什麼還是有許多人想著唸書？戰爭一旦開始，家裡的天花板會許就會垮下來，年輕的太太為什麼還想要擁有自己的小孩？為什麼藝術家、文學家還要畫畫、寫詩、創作小說？

別說是過去那個動亂不堪的時代，即便是在今日，我們對所有事都一樣沒有把握。

因而有許多年輕人便開始覺得疑惑，不知道為什麼要為自己的生活打算？為什麼要上課、考試、結婚、找房子、求職？或許就在下一刻，一切都完了呀！

實際上，聖方濟各所謂「在花園裡繼續除草」，說的只是一個簡單的概念：這裡還有工作。

不管今天的世界看來多麼黑暗，也不管黑暗到什麼程度，如果願意在目前盡自己最大努力，那麼我們將來的生活一定會有所改善。

無論未來如何，今天仍然是我們的，所以我們有義務活得充實，正如聖方濟各所說，每個人都必須繼續在自己的花園裡除草。

我們必須對生活先有信心，然後才能使生活永遠延續下去，而所謂信心，就是希望。

——法國物理化學家郎之萬

爲自己留一點思考空間

不妨為自己抽一點點時間獨處。如果要讓心情泰然，擁有正常、快樂的心靈生活，每個人都必須這麼做。

人生的真正意義是珍惜自己的價值，珍惜生活中的寶貴時光，珍惜生命中所有的美好，讓自己心靈感到歡喜、富足。

希臘哲人亞里斯多德曾經說過：「一個理想的人，是他自己的好友，他樂於獨處。」

今天的人們，愈來愈像「愛麗絲夢遊仙境」裡的紅皇后，為了要佔住原來的位置而不斷地向前跑。

從工業時代開始，刺激的節奏和集體活動，已經瀰漫到現代生活的每一個角落。人們似乎已經忘了要如何讓自己的腳步緩慢下來，如何過孤獨的生活。

忙碌了一整週，我們往往想起所有該做卻還未完成的事，例如：讀一本聞名已久的書、回覆沒有寫完的信、整理家務……等。

可是週末到來時，卻又被數不清的應酬捲了進去，忙著參加心裡其實一點都不想去的社交聚會。最後，好好的一個週末又不見了，新的一週再度開始。

亞里斯多德所指的理想人，其實可以是這個時代或者任何時代中的任何人，只要他有獨自思索的時間。此人是社會中的一分子，但是他不怕孤獨，同時也清楚知道每天一定要給自己一點思考的時間，省察這一天的行動。

不妨為自己抽出一點點空閒，讓你的心思離開辦公室的事務，停下例行業務的煩擾，暫時「逃避」幾分鐘。

如果用完午餐還有一點時間，你可以散一會兒步，即便只是讓心自由自在地做做白日夢也好。

這種獨處任何人都辦得到。並且，如果要保持頭腦清楚、心情泰然，擁有正常、快樂的心靈生活，每個人也都必須這麼做。

> 唯獨在這些孤獨和沉思默想的片刻，我才是真正的我，才是和天性相符的我，既無憂煩又無羈束。
>
> ——法國哲學家盧梭

從別人的經驗也可以看見自己

所謂哲學，有時是個人氣質和經驗的結果。但我們也能從中找到適合自己的原則，幫助自己走向更美好的人生。

但尼遜曾說：「所有的經驗是一道拱門，當中閃耀著我們未經歷過的世界，只要永遠永遠向前行進，它的限界就會消失。」

年輕的時候，我們總以為有一天會找到最終、最確定的真理。它可能在一本書中，或者是在生命中的某一處燦然發光。可是，年事愈長，或許我們就越能體會但尼遜這幾句話的意義。

在我們面前的，是一個經常變化的世界，擁有許多我們自己未曾

經歷過的領域。因為不斷學習，因此一個人五十歲時所見的世界，比起二十歲時所見的必定會大不相同。

同樣的道理，假如這個世界，同一個人在一生中兩個不同的時期看去是各不相同的，那麼在同一個時期，由不同的人來看這世界，也一定會有很大的不同。

每一個人年齡、經驗、環境和想法都不一樣，當然會有自己認可的方式生活，並經由自己本身的經驗，來看整個大自然和全體人類。

但是，我們畢竟還是住在同一個世界上，具有相同的人類性情，這就是為什麼我們依舊可以彼此溝通，可以從彼此的經驗中相互學習、相互吸收知識的原因。

雖說所謂的哲學，有時不免淪為個人氣質和經驗的結果，但根據此種經驗，或許我們也能從中找到適合自己的原則和定律，並藉著這些定律，幫助自己走向更美好的人生。

不只是哲學思想，在日常生活中，我們也可以將他人的舉措與做事的方法、生活的態度作為自己的借鏡，讓自己的想法還有思考模式，更加豐富多元，視野更加開闊。

我從多話的人那裡學到了靜默，從偏狹的人那裡學到了寬容，從殘忍的人那裡學到了仁愛，但奇怪的是，我對於這些老師並不感激。

——詩人紀伯倫

態度會左右你的價值

把自己分內的工作做好，那才能成為自己的驕傲，也才能算是完成自己的工作。

仔細觀察現代人普遍的工作態度，不禁令人搖頭嘆息，感嘆現代人工作不認真，卻只一味地要求高薪，不肯真正對工作負責任，態度總是敷衍了事。

對於這種人而言，他們根本就不知道工作的價值，以及從工作中可獲得的喜悅。如果能圓滿完成工作，然後要求合理的報酬或利潤，這是理所當然的事。但若是很簡單的工作，並不需要花很大的心力就可完成，相信只要有良心的人，心裡都有一把尺，要是拿到的報酬太多就會受之有愧。

所謂的工作，並不是完成即可，如果沒有把精神和心力投入，不管做了多少都毫無意義。

把自己分內的工作做好，那才能成為自己的驕傲，也才能算是完成自己的工作。

相反的，愈是對自己的工作隨便的人，如果被他人指責工作漫不經心，非但不反省，反而愈會為自己辯護，甚至憤而丟棄工作。

這種人在蓬勃發展的社會或許能苟延殘喘，但是，一旦人手過剩或不景氣時，最先受到裁員處分的就是這些人。

為了不致落得如此下場，就從現在開始努力吧！

想要在工作上有所成就，首先就必須具備正確的觀念，方能駕輕就熟，做起來也才能得心應手。

然而，並不是每個人一開始工作，就對於本身所擔任的工作相當熟悉。所以，工作之時更必須虛心學習，而在學習的過程中即可看出個人用心的差別。當然，認真的人必然就學得多、學得快，反之則學得差、學得慢。

仔細研究一下我們的內心，我們就會發現，幾乎所有的慾念都包含著難以啟齒的內容。

——雨果

PART 2

換個想法，就能豁然開朗

如果連四肢不健全的人

都可以慶幸自己還能思考，

那健康如你我，就更沒有理由嘆息了！

不要被太多雜事困住

只要一個呼吸無法完成，生命隨時都有結束的可能，所以，我們不能浪費這麼短暫的生命。

現代人的平均壽命，不論男女都已經在七十歲左右，但我們必須注意的是，這只不過是個統計數值，並不保證我們每個人都能活到七十歲以上。生命的長短究竟對人有何種啟示呢？這中間存在著一些人生的奧妙，值得我們深思。

有一天，釋迦牟尼問弟子們：「生命到底有多長呢？」

有一位弟子回答五十年，世尊說：「不對！」

接著陸續有弟子回答四十年、三十年、二十年，然後逐漸縮短，還有說一個小時的，但是，釋尊依然搖頭。

最後，有一個弟子說：「生命就在呼吸之間。」

這時，釋尊總算滿意地點頭了。

這是記載在《四十二章經》裡的軼事。的確，我們的人生就在如此轉瞬的時間內奮戰，只要一個呼吸無法完成，生命隨時都有結束的可能，所以，我們不能浪費這麼短暫的生命。

仔細觀察長壽的人們，就可以發現這些人大都是身體狀況相當良好，胃腸的消化能力、肺活量、腳部或腰部都很健康。而且，腦筋的機能也很靈敏，不管身心或新陳代謝方面都很活潑。

再者，我們也可以發現這些人總是不會流於心浮氣躁。如果過於神經質，經常被太多的雜事困擾，被小事折磨，身心的活動也不能順暢，當然身體便不會很健康了。

醫學上已經證實，如果常保心情開朗，神經系統便不會混亂。但這並非意味不要使用頭腦與肌肉，相對的，給予身心適度的刺激，對身體將有更大的好處。

所以，保持開朗的心情，避免過於激烈的情緒負荷，就能確保身心的健康，長命百歲。

貪財、權慾和虛榮心，弄得人痛苦不堪，這是大眾意識的三根台柱，無論何時何地，它們都支撐著毫不動搖的庸人世界。

——艾特馬托夫

換個想法，就能豁然開朗

如果連四肢不健全的人都可以慶幸自己還能思考，那健康如你我，就更沒有理由嘆息了！

英國作家伯頓曾經寫道：「如果這個世界上有地獄的話，那就存在人們憂鬱和苦惱的心田中。」

人生中，惱人的事情很多。許多瑣碎小事逐漸累積起來，就會形成心理上的一大重擔。

但生活究竟是痛苦的折磨，還是愉快的享受，其實全在於我們的抉擇。雖然，生活是艱苦的，失意、挫敗是難堪的，但是只要換個角度想，生活當中的種種經歷既是心靈的戰鬥，也是心靈的享受。

哲學家笛卡兒有句名言：「我思，故我在。」

意思是說，我的存在價值，就是從不斷的思考中產生出來的。

每個人生活圈，往往都自成一個世界，每天接觸的就是這個小小的圈子，所以對於其他事物嘗試的經驗不免有限。甚至，有的人因為生理上有所缺陷，可能是無法行走，可能是目不能視、耳不能聞，比起一般人來說，能接觸的事物又更少了。

但即便是如此，如果這些身體上的缺陷並不損及心靈，是怎麼也束縛不了那個人的。

想想笛卡兒的格言「我思，故我在」，只要心靈能夠思考，那麼管他外在限制有多少，思想的世界依舊是無限大。

要知道，一個富於思考的心靈，可以成為實實在在的幸福樂器，以活躍而光明滿佈的快樂，助你渡過黑暗、靜寂的空虛。就算外面的世界有什麼災難降臨，我們仍然可以在心中為自己創造希望。

也許，健康的你只是因為某些外在因素而覺得眼前的生活限制良多。但比起其他四肢不健全的人，你不是更幸運多了嗎？

如果連他們都可以慶幸自己還能思考，那健康如你我，就更沒有理由嘆息了！

痛苦或者歡樂，完全蘊含於眼界的寬窄。

——英國詩人雪萊

心情愉悅，視野才會開闊

心情快樂，遮蔽心靈的牆就垮了，周遭的人們、各種思想與情感，都會進入你的視野。

「使我們快樂的日子，也使我們聰明。」這是英國桂冠詩人曼殊斐德的詩句。

很多人總以為這句話應該反過來說才對，也就是「聰明的人才能過快樂的日子」，但事實上，若是冷靜一想，我們就能夠領略他的意思，並且不得不承認，他的觀察的確深刻。

想想，快樂不是使我們的神智清明，不致有焦急的迷霧，絕望與煩惱的黯淡，也不會有恐懼所形成的盲惑嗎？

這種感受就像四月間的驟雨或者花蕾的茁放，真正的快樂不僅只是滿意或知足，並且常常是突然來臨的。

那時，你會發覺自己智慧頓開，草兒比平時更綠，鳥兒的啼叫更甜美，朋友的缺點看在眼裡，也比以往更能諒解和寬恕。

換言之，快樂就像一副眼鏡，矯正了你性靈上的視力。

快樂時，你的洞察力不會只限於周遭的事物。不快樂時，你的思想往往只能專注於情感上的悲痛，心眼自然會被遮蔽。

一旦能夠保持心情快樂，這堵遮蔽心靈視線的牆就垮了，遙遠的景色供你觀察，大地在你的腳下，周遭的人們、各種思想與情感，都會一一進入你的視野。

法國作家蒙田曾說：「總是樂呵呵的人，最能說明他聰明。」

這是因為，你會從快樂之中發現過去從未發現的角度與細節，而這一切，就是所有智慧的開端。

因此建議你，若要做到心境清明，觀察透澈全面，那麼還是先想個辦法，讓自己的心情愉悅開懷吧！

> 所有快樂中最偉大的快樂，存在於真理的沉思之中。
>
> ——義大利神學家阿奎那

有耐力，就能堅持到底

一個人只要有了忍耐與力量，除了可以承受一切困厄，更能在重重困境中大有可為。

對於那些讓自己感到痛苦、懊惱、煩憂的事情，與其想盡辦法逃避，不如以坦然的心情面對。

「如果你是鐵砧，那麼就靜靜支撐住自己；如果你是鐵錘，那就盡量發揮自己。」

這是傅羅瑞於一五九一年所寫的兩行偶句，在簡潔、動人的筆力中，表達出一項深長的真理。

在我們的一生中，需要兩種均衡而彼此關聯的氣質，也就是謙遜與果斷，還有遭遇橫逆時的忍耐和行動時的力量。

要知道，在人生旅途中，我們同時是主體，也是客體；是命運的主宰，從另一方面來說也是命運的奴隸。

有很多情況，是我們無能為力的，不管是各種損失、生離死別、失望和疾病……

它們可能在任何時候，以可怕的力量打擊我們，而這種時候我們所能做的，就只有節裡應變。

這就是鐵砧時刻。

在某些情況下，如果我們有足夠的力量可以行動，這時候便需要靠著堅定不移的意志，目標專一，迅捷而猛烈的錘擊，並一擊中的，如此才能不同的命運。

傅羅瑞所謂的鐵鎚，指的就是這個。

俄國的知名思想大家車爾尼雪夫斯基也曾經這樣說過：「只有毅力才可以使我們成功。而毅力是來源於毫不動搖，堅決採取為達到成功需要的手段。」

也就是說，一個人只要有了忍耐與力量，除了可以承受一切困厄，更能在重重困境中大有可為。

忍耐和堅持是痛苦的，但它會逐漸為你帶來好處。

——古羅馬詩人奧維德

站穩腳步，才能邁向下一步——

對待生命必須像行路的旅客一樣，不只把沿途的客棧作為落腳處，還要將它當成邁向下一個目標的起始點。

「征途永遠比客棧好。」西班牙作家塞萬提斯的這句話，所表達的，其實就是一種生活方式。

很多人年輕的時候，往往會把自己的人生目標訂得很高，並且告訴自己「等到這件事成功，此生就已經滿足了」。

但是，丹麥思想家祁克果說過：「人生不是一個等待解決的問題，而是必須經歷的事實。」

人生之中的每一次成就，就如同一間間的客棧，只是征途裡的一點，生命真正的盡善盡美，只出現在旅途努力的過程之中。想要在生命走到盡頭時，依舊能感到歡喜，必須從現在開始，告訴自己要時時對未來滿懷希望與熱愛，不斷前進。

法國作家雨果就曾經這麼說過：「所謂活著的人，就是不斷挑戰的人，不斷攀登命運險峰的人。」

因此，對待生命，我們必須像行路的旅客一樣，不只是把沿途的客棧作為落腳處，還要將它當成邁向下一個目標的起始點奮力向前，如此，才算是沒有虛度此生。

為自己尋求庸俗乏味生活的人，才是真正可憐而渺小的。

——德國物理學家約爾旦

懂得忍耐，才不會招來失敗——

在今日，耐性遠比從前更要緊，如果我們可以好好學習如何忍耐，那麼，便不至於因為急功近利而遭遇失敗挫折。

約翰．杜威曾說：「忍耐是最有用的美德。」

在這個原子時代，由於科技進步，世界逐漸成了地球村，越來越有從前人所謂「天下一家」的味道。

身處在這樣的年代，忍耐與耐心比起以往更能發揮功用，甚至可以說，這是一種至上的現代美德。可以篤行實踐這種品德的人，便可以輕鬆獲得成功和快樂；若是對它嗤之以鼻而不加理會，那麼自然就會覺得人生越來越痛苦。

由於科技進步，世界變得愈來愈複雜，我們必須接觸更多的人，策劃更多的事；這也就是為什麼現代人必須學習放鬆，並抽出時間來，讓自己安靜思考的理由。

這是個高速度的時代，很多事需要加以抉擇，如果面對任何事總是一副倉卒急迫的態度，必定會因為匆遽而造成錯誤。

因此，培養耐性遠比從前更要緊，如果我們可以好好學習如何忍耐，那麼，便不至於因為急功近利而缺乏遠見，忽略了大處，最終遭遇巨大的失敗和挫折。

無論做什麼事情，都不要著急，不管發生什麼事，都要冷靜沉著。

——英國作家狄更斯

想像力是創造的開端

想像力是與生俱來的，可是，種種使生活「井然有條」的現代文明，卻束縛了人類想像力的自由運用。

「從一粒細沙看大千世界，從一朵野花看混沌乾坤，在手掌中把握無限，在一小時把握永恆。」

這幾行詩，是藝術家兼神秘詩人威廉．布萊克所寫的。詩中描寫想像的力量，比任何其他的作品都要來得生動。

天文學家探測廣大深遠的太空，追溯遙遠的過去以研究世界的進化，要預測這種種不可知的未來，當然需要想像力。

發明家創造出諸如電燈、電話、飛機、太空梭、網路……等許多過去人們從未想像過的事物，更是需要想像力。

不只是科學，每一個人如果要讓自己的生活擁有繼續下去的動力，也需要想像力。

所有真正偉大的音樂、藝術、詩歌、和戲劇，也都是以經驗和想像力相互激盪所刺激出來的。

想像力是與生俱來的，這就是為什麼，所有的孩子們，小時候總是生活在充滿假想的世界裡。

可是，現代文明的種種弊害，也就是那些日常工作、前車之鑑、告誡……等，這些使生活「井然有條」的東西，大大束縛了人類想像力的自由運用。

英國詩人雪萊曾說：「想像是創造力，亦即綜合的原理，它的對象是宇宙萬物與存在本身所共有的形象。」

因此，身為現代人的我們，必須重新捕獲自己的想像力，如此，不只能夠發現人生的美妙與神奇，美麗與歡愉更能激發出無限大的創造空間，為人類的生活帶來更進一步的契機與局面。

想像來自生活，來自曾經有過、可能有的，已經萌芽卻又沒有完全實現、掌握的東西。

——中國作家王蒙

相互體貼，爭端就能減少——

如果人人都能夠設身處地為他人著想，而不是只想到自己的利益，或許這個世界的紛爭也會減少許多吧！

「設身處地」，這是一部外國小說的書名。

書中描寫，在英國一處鄉村中，很多磨坊工人以為使用節省人力的機器，就形同搶走了他們妻兒嘴裡的麵包，因而為了這件事，與僱主形成了對立的局面。

在這個鄉村裡有一位艾包育醫師，夾在兩方之間，他對磨坊老闆和磨坊工人都是一視同仁，只要看見有人詆毀另一方，永遠會用同一個問題反問他：「設身處地想想，如果是你會怎麼辦？」

確實，「設身處地」這句話的思維，可以說是百分之百適用於任何情況的黃金定律。

面對任何事情，如果都能站在別人的立場考慮，那麼往往就能夠用更體貼的角度寬容對待他人。

如果說，人人都能夠設身處地為他人著想，而不是只想到自己的利益，或許這個世界的紛爭也會因而減少許多吧！

無私是稀有的道德，因為從它身上是無利可圖的。

——德國戲劇詩人布萊希特

PART 3

不輕易放棄，好過坐以待斃

如果一定要面對絕望，

那何不乾脆豁出去，

抱著絕望繼續走下去呢？

比起坐以待斃，這樣也許還來得積極多了。

體悟生命的本質就不會孤獨——

如果能體認生命的本質，以及生存的意義，不管身在何處，我們都不會覺得寂寞。

對於能夠體悟生命永恆的人而言，身邊是否存在著自己最愛的人並不是問題，重要的是自己有沒有接受生命永恆的意義。

有一位詩人曾寫下一首詩來表達這種心境：

雖然二個人在一起，但依然寂寞，如果變成一個人則更為寂寞。

二個人確實無法消愁，一個人則是難以忍受。

如果說我們終歸是孤獨的，正是因為我們不能忍受這種孤獨，才更能去愛別人。

當你悲傷的時候，如果有人和你一起悲傷，難過的情形通常就會減半。高興的時候，如果有人可以陪你一起高興，相信喜悅會加倍。

如果這個世上不存在「孤獨」的感覺，人生或許將變得更為乏味。但是，我們真的是孤獨的嗎？

古時候一位禪僧曾說：「雖然各自分離，但卻沒有遠離，雖然再見面，卻一點也沒有再會的情形。」

如果能體認生命的本質，以及生存的意義，不管身在何處，我們都不會覺得寂寞。

人的靈魂就是慾望。或者，我們可以換個方式說，所有慾望的總和就是我們的靈魂。

——傑克．倫敦

從絕望中也能看到希望

不管眼前橫亙著什麼，只要願意保持著內心對生命的熱忱，你就能發現一切還是很美好。

不用負面的角度看待事情，生活就不會有那麼多痛苦。隨時抱著歡喜的心情看待眼前的人、事、物，用歡喜的心情活在當下，生命才能減少懊悔和遺憾。

據聞，麥克阿瑟將軍的辦公桌上總是擺著幾個相框，其中之一，便是取自塞繆爾．厄爾曼「八十高齡」中的一段話：

青春不是人生的一段時間，它是一種心理狀態；它不是玫瑰紅的

臉頰、深紅的雙唇，和柔軟的膝頭，它是意志的氣質、想像的能力、情感的活力，它是從生命泉源深處湧出的清新。

青春是一種凌駕一切的意志力，可以讓人擁有克服怯懦的勇氣，不耽於安逸，敢於冒險犯難。而且這種力量，往往六十歲的人遠比二十歲的孩子為多。

沒有一個人日漸衰頹，僅僅是因為渡過了多少歲月，多半是由於他拋棄了理想。

年華或許使皮膚起皺，但是放棄了熱忱卻使靈魂收縮。憂愁、疑慮、自餒、畏懼和失望，這些會使心靈低沉，精神萎靡。

不論是六十歲或者十六歲，每個人的心底都有對神奇的愛好，對星辰或星星般事物有甜美的驚喜，對事物的挑戰無所畏懼，以孩子般永不衰退的胃口接納未來，以及人生競爭的樂趣。

你有信念便是年輕，有疑慮便是年老；能自信便是年輕，有畏懼便是年老；有希望便是年輕，絕望了便是年老。

在你的心中有一座無線電台，只要它能從世界、從人間、從永恆中接收到希望、歡愉、勇敢、壯麗和力量的訊息，你便是年輕。

當電台的線路全部斷落，你心中被悲觀和譏嘲的冰雪蒙封，這才是真正的衰老了。

祈求上帝悲憫你的靈魂。

所以，你該每天懷著活到永遠的希望活下去。

這段話旨在闡述絕望會為人帶來多大的影響，它會讓人衰老、萎頓；只有懷抱著信念與信心，人才會永遠年輕有力。

黎巴嫩作家雷哈尼，也曾經樣仔細描繪過絕望：「絕望，如果抖擻它冷漠的灰塵，是包含著一種凶惡、散佈著死亡的力量，這種力量既無理智，也無理解力。」

確實，一旦心中產生了「絕望」的念頭，整個人就會像消了氣的

氣球一樣，任何事情看來都變得悲觀負面。你的世界不再有快樂，只剩下沉重的一片黑暗。

反之，希望卻可以幫助你對抗絕望，並且帶領你走向光明地方。

你是否也正處於困境之中呢？

別忘了，不管眼前橫亙著什麼，只要願意保持著內心對生命的熱忱，你就能發現一切還是很美好，生命裡還有著許多美妙的事物值得自己一一去嘗試。

希望是生命的泉源，失去它生命就會枯萎。

——美國科學家富蘭克林

與其後悔，不如大步向前

抛開後悔，不只心境上可以獲得解脫，更可以將痛苦轉化為前進的力量，將你往下一次的成功推進。

人要用積極樂觀的心態迎向自己的未來，無論遭遇過什麼不如意的事情，只要把臉孔朝向陽光，自然就不會生出陰暗、負面的念頭，也不會為了過去的錯誤一再懊悔。

明代大思想家王陽明曾說：「智者不以無過喜，人之大德在於改過，做一新人。」

十五世紀時，中國這位哲學家兼政治家所說的話，也許在你面臨

許多危難時，可以給予你一點希望和歡欣。

人們一旦犯了大錯時，往往會因為良心難安而遭遇精神上的痛苦，彷彿全世界都在對自己指指點點、百般嘲笑。

可是，如果這是可以補救的事，為什麼我們要在自編的修羅場中白受這種折磨呢？

既然已經錯了，只要謹記下回不會再錯就好了。

浪費時間去追悔錯誤並不會有什麼收穫，還不如運用這些時間分析、改正錯誤還要好一點。

一個人的偉大，並不在於他的毫無錯失，因為錯誤有的時候也是不可避免的。

莎士比亞曾經這樣說過：「一個人知道了自己的短處，能夠改過自新，那就是有福的。」

面對錯誤最正確積極的態度，就是承認這種錯誤可以挽救，並且趕緊努力加以改正。

拋開後悔與失敗的痛苦，以正面的態度面對錯誤，不只心境上可以獲得解脫，更可以將痛苦轉化為一股更巨大前進的力量，將你往下一次的成功推進。

只要擁有這種意志力與決心，你就可以成為一個嶄新的，在各方面也都更加完善的人。

痛苦、失望和悲傷不是為了使我們發怒、自暴自棄和墮落沉淪，而是使我們成熟和清醒。

——德國作家赫塞

有目標，人生才有幸福依靠

俄國雕塑名家A·安德列耶夫說：「幸福不在於享有幸福，而是在於追求幸福的過程。」

蕭伯納在《人與超人》一書中的序言，曾經寫下這段話：「人生的真正歡樂，是致力於自己認為偉大的目標；在報廢以前充分發揮自己的才能；不終日煩悶、哀傷，抱怨這個世界沒有使你幸福。」

究竟幸福是什麼，各人有各人的看法，但有一點是可以確信的，那就是僅僅只為自己而活的人，絕對不會幸福。

人生的最大快樂，就在專心於某一件事情上。說得更準確一點，這種事可以是人物、信念或者是目標。

從來就沒有興趣的人，往往是最不令人感興趣的無聊人物；最可憐而又乏味的人，也是那些一生都只有旁觀而不參與的人。

俄國雕塑名家A．安德列耶夫說：「幸福不在於享有幸福，而是在於追求幸福的過程。」

有了目標，人生才有了幸福的依靠。如果你不懂得參與這段過程，那麼，你也就沒有所謂的幸福可言。

只有在對美好事情的自覺追求中，才有真正的幸福。

——俄國作家高爾基

不輕易放棄，好過坐以待斃——

如果一定要面對絕望，那何不乾脆豁出去，抱著絕望繼續走下去呢？比起坐以待斃，這樣也許還來得積極多了。

英國思想家艾德蒙．柏克曾說：「絕對不要絕望。如果你真的絕望了，那就在絕望中繼續奮鬥下去。」

在他說出這句話時，正處於絕望的痛苦之中，愛子逝世使得他心碎萬分，如他所想，他看到文明在四周崩潰，靈魂充滿了黑暗。

很多大思想家都說過這種鼓舞人心的話，但卻沒有一句能比得上艾德蒙．柏克的話更能給人堅定的助力。

因為，許多人往往認定人生是一次戰爭，因而總是高呼：「我們要奮鬥！」但麻煩的是，幾乎沒有人能只靠著短暫的奮鬥，一口氣解決人生中的所有危機。柏克很了解這一點，他知道大多數人還是必須面對內心的絕望，一天一天地拖延下去，所以他說「繼續」奮鬥下去。

他說得很對，就算絕望加身，能否繼續堅持下去是很重要的。

美國前總統尼克森也曾經這麼說過：「累了就歇在路邊的人，是不會得到勝利的。」

想想，如果我們一定要面對絕望，那何不乾脆豁出去，抱著絕望繼續走下去呢？比起坐以待斃，這樣也許還來得積極多了。

頑強的毅力可以征服一座高山。

——英國作家狄更斯

別讓驕傲的言行誤了自己

一個驕傲的人，結果總是在驕傲中毀滅了自己。每個人所做的任何事，無論好壞，終有回報到自己身上的時候。

「小心你傲慢的字句，任傲慢的字句脫口，不容易召它們回來。它們穿長硬靴子……小心你傲慢的字句。」

在桑德堡的這幾行詩裡所蘊藏的深意，不管是對個人、對階層，甚至是對國家也好，都是十分適用的。

我們常常會不自覺地說些殘酷和破壞性的話，因為伶牙俐齒遠比仁慈要容易得多。可是時日一長，這些傲慢和憤怒的字句，會經常造成家庭與社會，甚至是國與國之間的麻煩。

希臘哲人德莫克利特曾說：「言語是行為的影子。」

習慣吐出傲慢言詞的人，往往也是自大驕矜，且任性妄為的，這種人通常毫不顧及一般人重視的單純謙抑，還有禮貌。

英國文豪莎士比亞說過這樣一句話：「一個驕傲的人，結果總是在驕傲中毀滅了自己。」

每個人所做的任何事，無論好壞，終有回報到自己身上的時候。那些因為驕傲狂妄而口出惡語的人，有朝一日立場轉換，又有幾個人能夠真的不計前嫌地接納他呢？

> 言語表現一個人，一個粗濁或者優美的品格，在粗濁的措辭中自然地流露。
>
> ——波溫

頭銜只不過是一種符號

如果每一個人都希望自己的工作輕鬆、佔盡便宜，甚至希望自己總是很體面，必然有很多事情都沒有人願意去做。

在爭名逐利的現實社會中，人往往因為虛榮心理作祟，而抱持錯誤的就業心態，習慣用職業或頭銜來誇耀自己，不願從事一般人眼中的卑賤工作。

這也難怪培根會感慨說：「虛榮的人為智者所輕蔑，愚者所嘆服，阿諛者所崇拜，而為自己的虛榮所奴役。」

談到職業無貴賤之分，日本本田汽車的創辦者，本田宗一郎也有類似的觀念。

有一次，本田宗一郎招待一名外國貿易商喝酒，那個外國人不小心把假牙掉在便壺裡，本田立刻自己動手把它撿起來，雖然他大可以叫身邊的部屬做這件事。

本田認為，不管公司裡的科長、部長，或董事長，並沒有什麼差別，頭銜只不過是一種符號，是為了建立命令系統，讓組織順暢運作，這些符號存在的必要，這和人類的價值完全無關。

他認為一個人的偉大與否，完全在於他對世上有哪些貢獻。如果以公司來說，就是那人對公司有哪些功績。

當然，並不是居上位者，應該率先做些骯髒的工作，但是，遇到艱難或辛苦的事情時，如果在上位者不敢率先去做，又怎麼能好好指揮別人呢？

如果每一個人都希望自己的工作輕鬆、佔盡便宜，甚至希望自己總是很體面，必然有很多事情都沒有人願意去做，這個社會的機能要怎麼運轉呢？

不可否認的，社會上的確是有許多秉持這種錯誤觀念的人。我們可以想見，他們在功成名就之時，一定不會想到那些曾在幕後幫助他成功的小人物。

> 人的價值並不取決於是否掌握真理，或者自認為真理在握，決定一個人價值的是孜孜不倦的精神。
>
> ——萊辛

過度的貪慾可以毀滅世界

貪婪與慾望只會造成毀滅。毀滅的不只是世界，還有生存在這個世界上的物種，當然，也包含了人類。

「我若能說萬人的方言與天使的話語，卻唯獨沒有愛，我就成了鳴的鑼、響的鈸一般。我若有先知講道之能，也明白各種各樣的奧秘、各種各樣的知識，而且有全備的信，叫我能夠移山，卻唯獨沒有愛，我就算不得什麼。」

這是《新約》哥林多前書第十三章，使徒保羅所說的話，這句話對所有人類來說，充滿了無限的啟示。

人類甫自史前時期的泥沼中掙扎出來，從不斷的進步中變得愈來愈聰明，對於每一步新發展，也都覺得驕傲和自大。

但多數人卻忘了一件事：我們必須在每一步前進的步伐中，配合相應的愛，或者同情、諒解與包容，否則很容易就會因為自私妄為，而招致自身的滅亡。

義大利詩人但丁曾經這麼感嘆：「驕傲、嫉妒、貪婪就好比星火，使世人的心熊熊燃燒。」

人類為了追求文明的進步，因而忘了必須對自然懷抱著感激與熱愛；為了各自的利益，人們也幾乎忘了彼此必須團結一致，反而不停的爭戰殺伐，只為擴張自己的勢力範圍。

但事實證明，貪婪與慾望只會造成毀滅。毀滅的不只是世界，還有生存在這個世界上的物種，當然，也包含了人類。

因此，站在人類歷史的頃刻之間，為了往後能安然生存下去，我們必須有所覺醒了。

《新約》中還有著這麼一句話：「如今尚存的有信、望、愛。其中最大的是愛。」這裡所說的愛，指的不僅僅是愛自己而已，也要懂得愛整個世界。

自以為是，是我們天生而原始的弊病。

——法國作家蒙田

不要只相信自己願意相信的——

「只有忠於事實，才能忠於真理。」所謂事實，並不僅僅只是我們「想聽」的事實，而是真相。

「我們要選擇困難的正途而非方便的歧徑，能求得全盤真理時，絕不以一半真理為自滿。」

這幾句話是西點官校學生的禱告詞，提示了人們處事時容易陷進去的兩種危險陷阱：鬆懈和一廂情願的想法。

這二者讓人甘於藏身在事實的背後，為了獲得權宜的利益，願意折衷自己的原則。

所謂「一廂情願的想法」，指的就是輕易妥協，並走向既容易又平坦的道路。

因為知道正道難行，所以我們都有選擇容易途徑的習慣。

但是，每個人都具有良知，足以判斷自己的選擇到底是「困難但合理的正途」，或者只是「方便的歧徑」。

要知道，在下定一個困難的決心時，選擇一條容易的途徑，只能算是一種逃避現實的做法而已。

或早或遲，我們就會從這種愚不可及的逃避中突然醒轉。看看歷史便可以知道，每一個時代都曾經有過，在某件事尚未演變成危機以前沒有正確處理，以致招來大難的慘痛教訓。

如果要讓一切都遵循正軌前進，我們就得有遵守原則，並徹底追求這些原則的準備。

有句話說：「只有忠於事實，才能忠於真理。」因而，我們必須反應一切的事實。

但所謂事實，並不僅僅只是我們「想聽」的事實，而是真相。

不論真相多麼殘酷無情，我們都必須有勇氣面對，因為，就像印度文學家泰戈爾說過的那樣：「如果你把所有錯誤都關在門外，真理也要被關在外面了。」

許多偉大的真理，開始的時候都被認為是褻瀆行為。

——愛爾蘭作家蕭伯納

PART 4

焦慮，只會製造心理壓力

先把未來的結果放在一邊吧！

與其把時間用在擔心失敗，

還不如竭盡全力好好地做呢！

放下煩惱，生活才會更好

只要懂得把煩惱放下，心情就會變得無比輕鬆，也才能看見人生中更有意義的部分。

「只為著小事情，人生就太短促了。」

這是英國首相班傑明・狄斯雷里說過的話，如果好好深思，或許這句話可以幫助你度過很多痛苦的經歷。

想想，我們不是經常為很多該輕視、該忘記的小事而煩惱嗎？比如：我幫助過的人不曉得報恩，視為朋友的人說自己的壞話，該得的獎賞竟然沒自己的份……種種失望甚至使我們不能工作，夜不成眠，這不是很可笑嗎？

在這世界上，每個人都只有數十寒暑，卻損耗了很多一去不回的光陰，讓自己沉浸在悲哀裡，但卻忽略了，這些小事往往不出一年，你和世人都會忘得一乾二淨。與其如此，還不如把生命貢獻給值得的行動與感受、偉大的思想、真實的愛、和長久的事業。

只要懂得把煩惱放下，心情就會變得無比輕鬆，也才能看見人生中更有意義的部分。別忘了，如果光是為了一些微不足道的小事情鎮日皺眉，你的人生就顯得太過短促而荒蕪了。

> 把煩惱當作臉上的灰塵，衣上的污垢，染之不驚，隨時洗拂，常保潔淨，這不是一種智慧和快樂嗎？
>
> ——中國作家王蒙

用心就能突破困境

在這個世界上，沒有什麼事情是不可能的，關鍵就在於願不願意動手，用了什麼方法，還有下了多少功夫而已。

「在水上走路，這也不是不可能做到的。」這句話，是一位老人對他的姪兒說的。

那是個打字機還很稀有的時代，在加州弗斯諾鎮的一戶人家裡，剛剛裝設了一部新的打字機。

老人問：「孩子，這是什麼新玩意兒？」

「是一部打字機。」男孩回答。

「幹什麼用的？」

「它可以把字寫得清清楚楚。」男孩一邊說，一邊拿了一份打好的文件給老人看。

「紙上寫的是什麼？」老人又問。

男孩回答：「是哲學原理。」

老人很好奇，於是再問：「哪一位哲學家的名言？」

「我自己的。」男孩說。

只見老人坐在姪兒的床上，點起一根香菸，然後研究那篇東西，一面嚴肅地看看他的姪兒。

不久，他站起身，臨走時對男孩說：「繼續你的工作吧。我想，要在水上走路，這也不是不可能的事。」

這句話真是意義深遠。

確實，只要有決心願意努力，在水面上行走也不是不可能的。過去，人不也無法想像在天空飛翔的滋味嗎？而今，搭乘飛機四處旅遊卻變得如此司空見慣了。

法國名將拿破崙曾經說過：「不可能這個字眼，只有在愚人的字典裡才可以找到。」

話聽來狂妄，但卻說得一點都沒錯。在這個世界上，沒有什麼事情是不可能的，關鍵就在於你願不願意動手，用了什麼方法，還有下了多少功夫而已。

沒有人事先了解自己有多大的力量，直到他試過以後才知道。

——德國詩人歌德

焦慮，只會製造心理壓力

先把未來的結果放在一邊吧！與其把時間用在擔心失敗，還不如竭盡全力好好地做呢！

「如果日月也懷有疑慮，就會馬上失去光輝。」

希望哲人的這句話，對於許多無法下定決心推動計劃的人，能夠起一點鼓舞的作用。

在所有的信念當中，自信是相當重要的一部分，可以說，沒有自信，你的生命會就此癱瘓。

確確實實，人都會有緊張的時刻。有過公開演講經驗的人，一定都曉得開始演說前那種惱人的惶恐。

據說最好的演員，通常也會是啟幕前最緊張的演員，永遠怕忘了台詞，怕什麼東西出錯，可是戲一開演，往往一點紕漏都沒有。

發動一次計劃，寫一首詩，初次推銷商品……人類的每個第一次，甚或每一件成就，都會在開始之前缺乏信心。如果每個人都屈服在這種焦慮下，便會一事無成。

雖然說，每一個人的行為都會牽涉到別人，但很多時候，他人的讚美或譴責卻似乎變得過分重要了，使得自己不自覺的對自我產生疑慮，結果，即便我們為自己建立了一個十全十美的目標，卻往往因為信心喪失而難以達成。

在這個不完美的世界上，嚴格要求自己事事都必須盡善盡美，其實是很危險的，不只在行動時會給自己帶來無窮的心理壓力，失去了原本該有的冷靜，一旦真的遭遇失敗，也很容易就此一敗塗地，再無

翻身的勇氣。

最好的方法，就是放下這些結果尚未可知的疑慮，只管按照計畫安排手上的工作。

因此，不論你計畫的是一件大事，或者只是烤個餅乾，先把未來的結果放在一邊吧！

與其把時間用在擔心失敗，還不如竭盡全力好好地做呢！

信心使一個人得以征服他相信可以征服的東西。

——愛爾蘭作家蕭伯納

讚美他人，自己也會覺得愉快

如果你發現別人有任何使自己欣賞的事，不妨大方地告訴他，相信你也可以設身處地感受到對方的快樂。

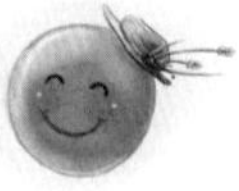

有段話是這麼說的：「如果他應當受讚譽，現在就應向他表示，因為一旦他溘然辭世，就見不到墓碑了。」

有位作家出版了自己的著作之後，開始接到許多讀者來信，表示他的著作給了他們很多樂趣，這件事使他想起了上述這幾行句子；甚至，還有一位素昧生平的讀者在信前引用了一句英格蘭古諺，說明自己的讚美足具正當性：「正直的讚譽是一種必須償還的債務。」

或許，這兩段話可以給我們一些反思的空間：平時，自己是不是太吝於讚美他人了呢？即使心裡覺得對方很不錯，是不是也常常因為羞於啟齒，就這樣把欣賞放在心裡？

如果你發現別人有任何使自己欣賞的事，建議你，不妨大方地告訴他吧！相信你也可以設身處地感受到對方的快樂。

這種單純的禮貌肯定會讓你獲得熱烈回應的，因為對方或許覺得雖然自己已有所成，可是從來沒預料到會受到旁人讚揚，藉由這個舉動，也許你可以獲得一份珍貴的友誼也不一定。

時時用使人悅服的方法讚美人，是博得人們好感的好方法。記住，人們喜歡別人加以讚美的事，便是他們自己覺得沒有把握的事。

——美國心理教育專家卡內基

寬待別人，也是對自己寬容

只要明白所有的人都曾有過非非之想，就可以使我們責己不致太嚴，並同樣以幽默地態度來評斷他人的過錯。

荷蘭修士托瑪斯曾說：「我們極少用同樣的天平去衡量鄰居。」很奇怪，我們看本身的過失，往往不如看別人那麼罪大惡極。或許，這是因為我們對自己犯錯的原因全都了解，所以易於寬恕自己，但對待旁人卻又是另外一回事。

我們常把注意力集中在別人的過錯上，即使有時不得不正視自己的過錯，但心裡面總覺得可以原諒。這是因為我們知道這樣做是對的，這些錯誤是自己的一部分，不論是好是壞，我們都必須接受自己。

可是輪到我們判斷別人時，就不是用判斷自己的眼光等同看待了。我們往往會在不知不覺中，用另外一種標準將別人批判地體無完膚，絲毫不留情面。

舉個小小的例子，當我們發現別人撒謊，會如何嚴厲地譴責？可是，誰又能說自己從沒有撒過一次謊，或許，大大小小、或輕或重的說謊次數還不下千百呢！

其實，我們彼此都差不多，同樣混合著偉大與渺小、良善與醜惡、高貴與卑微。

也許有些人性格較強，機運較好，可以在某一方面發展長才，可是在內在方面卻完全相同。

世界上沒有一個人比起其他大多數人更好或者更壞，可是如果把任何一個人一生中的行動或者念頭都記錄下來，全世界或者都會因此認為他是個罪惡的魔王。

只要能明白所有的人都曾有過非非之想，自然就可以讓人寬容自己，自己也能更寬容地對待別人。

有了這項體認，就可以使我們責己不至太嚴，也可以使我們以更幽默、寬恕的態度來評斷他人的過錯。即使對方是眾人眼裡最傑出，最值得尊敬，也最不被允許犯錯的人。

要求別人寬恕自己過失的人，自己也應當這樣對待別人，這才是合乎情理的。

——古羅馬詩人賀拉斯

懷抱虛心，成功才會離你更近

一個懂得謙虛的普通人知道要虛心學習，就像海綿一樣，吸取他人的優勢，轉化為幫助自己成功的助力。

荷蘭修士托瑪斯曾經這麼說過：「真正的偉人，本身都很自謙，並不重視自己的殊榮。」

世界上最令人厭惡的人，莫過於那些自高自大的虛榮分子，諸如獨裁者、恐怖分子和用盡手段掠奪社會財富的人，因為他們往往是以旁人悲傷絕望的代價，來滿足本身的慾念。

他們不知道的是，只有面對任何事都懂得虛心以對，知道自己無限渺小的人，才能夠達到永恆的善。

從過去到今天，人們往往對「偉大」的定義感到混亂。因為史頁上有太多的冗長篇幅都屬於暴君和征服者；然而真正自謙的人物卻只佔了短短的一小段。

要知道，古往今來，真正的偉人，其實應是那些悲天憫人、謙遜並具有冷靜智慧的人。

他們永遠知道生命的時間極為短暫，自己也是側身在同樣血肉之軀的人群間，因此不管自己的成就有多大，榮譽的帽子有多重，永遠都是一派謙虛溫和。

正如英國知名政論家羅斯金所說的：「一個真正的偉人，第一個考驗就是謙讓。」

不只是偉人，一個懂得謙虛的普通人，通常也會比自以為是的人更容易有所成就。

因為，他們知道要虛心學習，而不會滿足於自身優越的資質。就像一塊海綿一樣，不停吸取他人的優勢，轉化為幫助自己成功的助力。

這樣的人就算不是偉大的英雄，也會是有擁有一番成就的人物。

> 謙卑往往只不過是一種表面上的依順，是驕傲的一種藝術；它貶低自己正是為了抬高自己。
>
> ——法國作家拉羅什富科

懂得幽默，就能過得更輕鬆

大笑有種淨化人心的力量，如果人們能夠多擁有一些幽默感，心理上的愁緒與怨怒就比較容易取得平衡。

孟子有句話說：「大人者，不失其赤子之心。」

綜觀絕大部分的現代人，總是把人生看得太嚴重，也因為太過認真，所以世界上才滿是紛擾。

孟子的這句話，就是要我們絕對不可忘記幽默的重要，因為幽默感能改變整個文化生活的本質與特性。

獨裁者的最大毛病，就在於看起來太嚴酷傲慢，或者易於憤怒。

由於自高自大，因而喪失了幽默感以及心理的平衡感，進而成為狂熱分子，諸多紛擾於是出現。

反觀民主國家的總統，往往情緒智商較高，也經常面帶笑容。他們懂得如何放鬆自己，聽到好笑的笑話就哈哈大笑，相較之下，顯得容易親近多了。

大笑有種淨化人心的力量，如果說，人們能夠多擁有一些幽默感，心理上的愁緒與怨怒就比較容易取得平衡，甚至被幽默的力量洗滌。如此一來，想創造出一個心平氣和、人人皆有修養的世界，也就不是沒有可能了。

> 幽默帶來悟力和寬容，冷嘲則帶來深刻而不友善的理解。
>
> ——美國作家雷普利爾

錯誤的評斷會造成遺憾

如果我們輕率地用別人的意見來評斷一個人，甚至以有色的眼光來看人，難免無法掌握他的真實面貌。

錯誤的判斷會造成遺憾，法國思想家拉羅什富科提醒我們：「各種人和事都有自己的觀察點，有的需要抵近去看做出正確的判斷，有的則只有從遠處看，才能判斷得最好。」

在日常生活中，如果有人批評某人很好或很壞，我們或許不會因此就信以為真，也不至於根據這些評語來判斷一個人，但多少總會影響我們對當事人的觀感。

其實，這些充滿好惡的評語頂多只能供作參考，絕對不能當作判斷是非的標準，否則就容易失之偏頗。

任何一個人都有優、缺點，同時在種種的人際互動中，總是會給不同的人不同觀感。如果我們輕率地用別人的意見來評斷一個人，甚至以有色的眼光來看人，難免無法掌握他的真實面貌。

例如，有不少人對於有權有勢的人，表面極盡巴結之能事，只敢在背地裡詛咒對方。如果我們被這些浮面的虛偽言語迷惑，豈不是冒很大的風險，甚或會造成意想不到的遺憾？

我們過於不信任自己的感情，但對於自己的理智又不夠提防。人強調理性，卻受感情驅使。

——盧梭

PART 5

努力是開啟成功大門的鑰匙

一個能夠拋棄一切憑藉，
放棄一切外援，
凡事都依靠自己的人，
才是能夠獲得勝利的人。

突破自己的極限

擁有外界的助力，似乎是一種幸福，但實際上卻是無形的禍害，因為它讓你充滿惰性，拖住你向前躍進的腳步。

《十二個人定勝天的故事》作者威廉・波里索曾說：「生命中最重要的事就是不要害怕付出。這點正是成功和失敗的最大區別。」

安全舒服、沒有任何困難的生活，無法使人獲得成功。相反的，只有遭逢逆境，願意加以克服的人，方能開創燦爛的前景。

在風平浪靜的湖面上駕駛船隻，並不需要太多的技巧與航行經驗。只有在海洋為暴風雨所激怒，濁浪排空，怒濤洶湧，船隻有滅頂危險，而船上的人相顧失色、不知所措的時候，船長的航海能力才能被真正試煉出來！

只有在腦筋受到極度的考驗，必須使出渾身解數，用智力、能力去挽救眼前危機的時候，一個人才能夠有所突破，並且被環境激發出最大的潛在能耐！

英國神學家伯頓在《憂鬱的剖析》裡是這麼說的：「對所有的人來說，希望和耐心是兩劑特效藥，也是人在患難中最可靠的依托，和最柔軟的靠墊。」

經濟窘迫、事業慘澹、生活艱難……這些境遇往往是一個人突破自我界限，心智獲得最大長進的時候。

換句話說，沒有奮鬥，一個人的品格就不會有所長進，生命的深度就不會向下拓展。

一旦放棄求助於他人的念頭，完全獨立自主，自我努力，在這個瞬間，你就走上成功之路了。

因為，這種決心會使你發揮出，連你自己都夢想不到的力量。

擁有外界的助力，看起來似乎是一種幸福，但實際上卻是無形的禍害，因為它讓你充滿惰性，拖住你向前躍進的腳步。

必須記住，讓你產生依賴感的人，絕對不是你最好的朋友；能夠督促你，鼓勵你奮發向上的人，才是真心的朋友。

偉人們到達高峰，不是靠突飛而來，而是他們在同伴酣睡的夜晚，不辭勞考地繼續攀登。

——朗費羅《聖奧古斯丁的梯子》

不要剪斷自己的翅膀

那些不敢表現自己的人，通常都會受到藐視。因為，人們天生就喜歡那些真實而勇敢，有信念又勇於堅持實踐的人！

不要因為事情不如預期而感到痛苦，要用歡喜的心情面對、解決，只要一步一步往自己設定的目標前進，就能為自己創造奇蹟！

不要畏懼前面的道路有什麼艱難，多給自己多一點信心和勇氣，展開實際行動，永遠比灰心喪氣還有用。

世界上有不少年老體衰或肢體殘障的人，尚且能夠靠一己之力自謀生計，難道身手矯健的我們，反倒要仰賴別人幫助？

當一個人依賴別人的時候，通常無法感覺到自己是一個「完整的人」，非得等到他有了職位，可以絕對獨自立主時，才能感覺自己的價值，才能感覺到光榮與滿意。

這種發自內心的榮耀感，是其他東西不能取代的。

這個世界上的芸芸眾生，往往地位無足輕重，其中最重要的原因，就是他們沒有自己的信念，不敢放膽去做自己想做的事，甚至不敢表達自己的想法。

他們做事常常要求面面俱到，深恐得罪別人，在開口說話之前，必定先設法試探聽別人的意見是否與自己相符，然後才敢發表意見；結果便是人云亦云，一事無成。

英國政治家哈立法克斯伯爵，就曾經為此做出如下的評論：「人對待自己的才華，常常像對待馴養的禽鳥一樣，剪去牠們的翅膀，不讓牠們飛過牆。」

那些不敢表現自己，不敢發表自己的意見、害怕得罪別人的人，通常都會受到藐視。

因為，人們天生就喜歡那些真實而勇敢，有自己的意見又敢於表達，有自己的信念又勇於堅持實踐的人！

居禮夫人曾這麼勉勵過世人：「我們最重要的原則：不要叫人打倒你，也不要叫事情打倒你。」

別忘了，本事再加上信心，就是一支助你成功的強大軍隊。

> 你想要達到什麼目的，就要把所有的力氣、所有的手段、所有的條件，所有的一切都花上去，要釘住不放。
>
> ——特里豐諾夫《老人》

否定人生，只會讓你痛苦一生

人生並不是一件容易的事，但再怎麼說，放鬆自己，好好面對生活，終究還是比竭力否定它要簡單多了。

據說，某位知名的成功演員兼導演在導戲時，常常會用一句話安撫緊張的演員：「把你橫膈膜上面的針拔掉，開始深呼吸！」

通常，這句話往往會馬上見效，演員的聲音和身體都會因此放鬆而自然起來，表演也更能放得開了。

有一次，這名導演用了同樣的方法勸慰一名正處於幼稚抑鬱時期的年輕人。因為他那種「啊，生命都是痛苦」的態度，已經為他的家人們帶來真正的痛苦了。

有天他們在田野間散步，導演用一種逗趣而了解的口吻對年輕人說：「嘿！孩子，把你橫膈膜上的針拔掉，然後開始生活！」

光是這句話，就掃掉了年輕人那拜倫式的憂鬱習氣。

很多年輕人同樣也因為自我主義過重，只曉得緊張於專注自我，對四周的生活卻停止了深呼吸。

今日，是個人人都緊張的年頭，可是我們卻往往用更緊張的方式來攻克自己的緊張。

不管是靠著無意識的享樂、夜以繼日的忙碌等等沒有什麼價值的活動，甚至是以買醉、短暫的愛情和鎮靜劑……任何能避免自己清醒的事物來麻痺自己。

美國作家愛默生就曾一針見血地指出現代人的通病：「我們永遠準備好好活著，卻從來沒有做到。」

老實說，人生並不是一件容易的事，但再怎麼說，放鬆自己，好好面對生活，終究還是比竭力否定它要簡單多了。

因此，還是讓我們「拔掉橫膈膜上的針，開始生活」吧！

> 淡淡的哀愁的確能增加一絲嫵媚，但它最終會加深臉上的皺紋，毀掉一切容貌中最可愛的容貌。
>
> ——法國作家巴爾札克

人要努力愛惜自己

人的生命歷程，都是心中想像的呈現，假如你期望自己成為某種類型的人，就應該把自己就當作那樣的人看待。

有些人很愛惜家裡的鋼琴，每天小心翼翼地擦拭、保養，唯恐一不小心音鍵就會損壞，音律就會不準。

可笑的是，他們卻從來不肯費些心力去保養自己的身體，一副彷彿自己的身體器官永遠都不會損壞的模樣。

這樣的人，他們的身體其實就像半損壞狀態的鋼琴，要他們彈奏人生的樂章，那麼發出的音樂必然荒腔走板，混亂而不和諧！

人生的第一件要事，就是要讓自己的體能保持最佳狀態；飽滿的精力、健全的體魄，會使我們在應付任何事情之時，都能使出獅子搏兔般的迅猛氣概。

妥善保養自己的身體，可說是每個人的神聖責任。

英國諷刺作家斯威夫特說：「人世間最好的醫生是：**節制飲食，心平氣和，及保持心情愉快。**」

我們到處都可以看見，許多人有著可以成就大事的資質，但在現實的環境中卻只能做些卑微小事，抱負、志向處處受到牽絆，最後庸庸碌碌渡過一生。

為何會如此？原因就在於，他們從不關愛自己、保養自己，因此缺少充沛的體力和旺盛的生命力，面對橫阻在自己眼前的種種困難和阻礙，失去了披荊斬棘的勇氣和力氣。

想要關愛自己、保養自己，首先必須從精神層面上熱愛自己做起。

有位哲人曾經教導我們說：「人只要不斷想像，最後就會變成自己想像的模樣。」

人的生命歷程，都是心中想像的呈現。

你應該重視自己，假如你期望自己成為某種類型的人，就應該把自己就當作那樣的人看待。

財富和美貌帶來的榮光是脆弱而易逝的，美德才是榮耀永久的財富。

——薩盧斯特《卡提林納的陰謀》

擁有健康才能創造財富

健康的生命的基礎，健康當然比金錢更可貴，因為我們賴以獲得金錢的，就是健康。

在各行各業中，我們都可以看見許多人成天一副無精打采的模樣，彷彿渾身感染了死亡的病毒。

這是他們沾染頹廢的生活、卑劣的思想、不當的惡習所造成的結果，會變成這副模樣當然不足為奇。

如果一個人碰到了改變人生的大好機會，卻因為自己的精力已毫無節制地消耗在無用的地方，而沒有力量去抓住那些機會，或是因為

缺乏勇氣、自信而無法牢牢把握，這是多麼令人惋惜的事！

一般人習慣耽於享樂，對待自己的身體，往往不及自己珍惜、溺愛的身外之物。

就拿消化器官來說吧，消化器官供給我們全身動力所需的養分，然而，我們卻總是用錯誤的方式去對待它。

我們總是讓它去消化各種過剩或沒必要的垃圾食品，造成它在消化必需的食物時發生困難。

還有些人則恰恰相反，常常因為「經濟」因素，不充分攝取各類必需養分，導致全身的各部位組織，都呈現半飢餓狀態。

有些人則為了要爭取寶貴時間，終日奔波操勞，放棄一切應有的休息及遊戲，不斷摧殘自己的生命力。

這種人似乎忘記了，健康的可貴，是權勢、地位、黃金、鑽石等身外之物無法同日而語的。

健康是生命的基礎，擁有健康，才能擁有其他美好的事物。

記住英國作家約翰遜的話：「健康當然比金錢更可貴，因為我們賴以獲得金錢的，就是健康。」

心胸坦然，在飲食睡眠運動時保持精神愉快，這是延年益壽的最佳箴言。

——培根《養生論》

精力是生命的重要資本

工作的第一要事是效率，人生的第一要事是愛自己；不愛自己與不愛他人，同樣是一種罪惡！

一個有才能的人，如果因為身體孱弱的緣故，導致才能無法發揮，那麼，他擁有這些才能又有何用處呢？

假使你因不當的生活習慣或不注意休息的緣故，使得身體衰弱、活力降低，甚至舉手投足之間都呈精疲力竭的現象，那麼，縱使你的腦力超強，被公認為天才，又有什麼用處？

身體虛弱的作家所寫的作品一定是無精打采的，不能引起讀者的共鳴。因為，他的作品欠缺旺盛的生命力。

這樣的作品肯定不能感動讀者，因為在寫作的時候，自己的內心就不曾被感動過。

因為他的生命力薄弱，所以他的作品也是虛無的。

體力不佳的演說家無法抓住聽眾的心，因為他的身體虛弱，所以連精神、言語都軟弱無力了。

身體虛弱的教師無法鞭策、激勵學生，因為他本身就缺少活力與熱誠。他不知自愛，弄得自己精神耗弱，在這種狀態下，又如何能好好關愛自己的學生？

法國名醫生兼作家拉伯雷說：「沒有健康，人生就不成人生了，這只是一種倦怠和受苦的情狀，一種死亡的象徵。」

浪費寶貴生命力的人，行徑和那些揮霍金錢的敗家子相去不遠。他們簡直是在自殺，扼殺掉可能改變自己生命的種種機會和幸福。

工作的第一要事是效率，人生的第一要事是愛自己；不愛自己與不愛他人，同樣是一種罪惡！

假使你想在世界上有所表現，那麼就要了解，不但時間是寶貴的，精力也是寶貴的；精力是你生命的重要資本，不能把它虛擲在毫無意義的地方。

在任何情形之下，都當節用自己的精力，儲蓄自己的生命力，緊緊執著每分生命力，如同溺水的人緊攀著海中的木板一樣。

珍惜每一絲的體力，因為那是使你得到幸福成功的資本，能夠如此，你一定比浪擲自己寶貴生命力的人更為富裕。

良好的健康狀況和高度的身體訓練，是有效的腦力勞動的重要條件。

——杰普莉茨卡雅

把精力花在美好的事物上

我們並不感謝我們所有的，直到我們喪失了它；我們意識不到我們的健康，直到我們生了病。自古以來莫不如此。

一個人成功與否，並不在於銀行的存款數目有多少，而是在於生命中擁有多少資本，以及怎樣去使用那些資本，在事業上還能夠釋放出多少能量。

要知道，一個健康不良、身心衰弱，或沉溺於慾望導致精力不斷損耗的人，和一個身體各種器官機能都健壯的人相比，成功的機會可以說是微乎其微的。

假使你頭腦清楚、意志堅強，而且有遠大的志向，那麼，你就必須將每一絲每一毫的精神體力，視為寶貴的生命資本，千萬不要輕易浪費在沒有價值的地方。

你必須建立這樣的觀念：任何方式的耗費精力，都是不可寬恕的浪費，甚至是扼殺自己生命的犯罪行為。

你必須停止將生命浪費在無意義之處，並改用最經濟、最有效的方式使用的精力。

海倫．凱勒曾經感嘆地說：「我們並不感謝我們所有的，直到我們喪失了它；我們意識不到我們的健康，直到我們生了病。自古以來莫不是如此。」

你必須保持身體的每一種機能，使它們維持最佳狀態，面對每天的工作時，才能精力飽滿，應付裕如。

假使你不能以強健精壯的身心去從事工作，假使你在工作上只能釋放出一小部分力量，那麼，你必然只能獲得極小部分的成功。

一個人如果身心衰弱，欠缺活力，不能愉快而自動自發地工作，最後終將成為工作的奴隸！

讓自己的身心保持強健，工作之時就能夠自動自發、愉快自若，而不至感覺勉強或痛苦。

假使你精力飽滿、生氣蓬勃，容貌和舉止便會散發出力量，一個小時的工作績效，往往要超過精力衰弱的人一整天的工作成績。

假如你不想患任何醫藥也不能治癒的氣惱病，那就不要和無賴爭論問題。

——馬爾里

趕快堵住生命的漏洞

人的生命中一旦有了某些弱點，這些弱點就會破壞、阻礙他，使他一生度過著悲傷悔恨的日子。

一個頹廢萎靡、身心軟弱的青年，想要獲得成功，無疑是件緣木求魚的事情。假使他夠聰明，就應該下定決心調整自己的生活模式，讓身心健全、精力充沛，如此，志願才可能實現。

建築人生事業的材料，就在每個人的生命中，「健康的自我」就是我們最大的資本。

人獲得成功的秘訣，就蘊藏在腦海中、精神中、筋骨中、志願中、決心中、理想中。一切全靠生理機能與精神狀態如何保持協調。

從一個人在事業中花費的心血與精神，就可以觀察出他最終是否能夠真的成功。

損耗自己的體力與精力，就是損耗自己的生命資本，就是損耗自己的成功機會與生命價值。

古希臘思想家伊比鳩魯說：「肉體的健康和靈魂的平靜，乃是幸福生活的目的。」

許多人在工作之餘所耗費的精力，比工作時間要來得多。

不要以為，只有肉體上的斲喪才能摧殘精力。其實，摧殘精力的方式何止肉體而已，煩悶、恐懼、憤怒，以及其他種種不良的思想與情感，都足以摧殘一個人的活力。

要是有著大量的生命資本，充沛的體力與精神，卻不知善於利用，使自己獲得成功，那未免太過愚蠢了！

人的生命中一旦有了某些弱點，這些弱點就會破壞、阻礙他的全部事業前程。這些弱點會使他一生度過著悲傷悔恨的日子。每種不檢的行為、錯誤的行為，都是讓生命資本流失的漏洞。

從現在起，你必須堵住這些漏洞，如此才能維持旺盛的精力，奮力往自己的人生目標衝刺。

你應該常常強旺，常能使出你全部的力量。

沒有經歷過逆境的人，不知道自己的力量究竟有多麼龐大。

——瓊森《確實可靠》

努力是開啟成功大門的鑰匙——

一個能夠拋棄一切憑藉，放棄一切外援，凡事都依靠自己的人，才是能夠獲得勝利的人。

一般人最不好的一種毛病是，一旦自認在某方面不具有特殊天分，往往就不肯盡可能的努力往這方面發展。然而，我們卻看到，有許多人雖然年輕的時候看起來似乎庸庸碌碌，卻靠著不斷的努力而成為偉大的人物。

這些例子說明了，在我們的力量還沒受過試煉以前，每個人都不能明白自己究竟擁有多少能力。

「自我努力」是比朋友、金錢、家世，以及各種外界的援助，更為可靠的東西。人之所以能排除阻礙、克服艱難，之所以能使各種冒險及發明成功，都是因為不斷地「自我努力」。

每個人，照道理說都應該是超然獨立的，然而真能充分發揮「獨立」能力的，卻少之又少。

依賴他人，追隨他人，讓他人去思想、計劃、工作，這自然要比我們自己去努力要輕鬆得多了。但是，事事都由別人替我們做，自己就會覺得沒必要努力；有了這種依賴心理，我們就不會努力表現自我！

有的父母想要為自己的子女留下許多資產，好使他們在世上不必奮鬥得太艱苦，其實，這種想法恰好在不知不覺之中，將禍害帶給自己的子女。他們以為「愛之」，實際上適足以「害之」！

要使年輕人努力奮發，自然需要動力。他們的天性是依賴、模仿、抄襲，所以很容易養成因人成事、人云亦云的習慣。假使父母給予他們過多憑靠，那他們將永遠依賴父母，不願自己去努力。

能夠拓展自身力量與才能的，不是外界的援助，而是自我的醒悟；不是依賴別人，而是自我努力。

義大利愛國作家馬志尼說：「不要在你父兄的帳棚昏睡，時代在發展，緊跟著它快步向前吧！」

一個能夠拋棄一切憑藉，放棄一切外援，凡事都依靠自己的人，才是能夠獲得勝利的人。自我努力，正是開啟成功大門的鑰匙。

生活要走向自己的目標，而且要有所作為，但人們卻當了懶惰的俘虜，使生活前進的速度受到阻礙。

——高爾基《瓷豬》

PART 6

皺紋也是人生的一種過程

歲月表現在人身上的，

除了皺紋以外還有歷練。

除去歲月的烙印，

也等於抹滅一個人顯露在外的人生刻痕。

越堅持，就越接近成功

在這個競爭激烈的時代，人們所需要的，絕不是怠惰與舒適，而是更多的勇氣信心，以及堅持到底的精神。

「今天我們仍然航行，航向西南西。」

這句話，是哥倫布初次航行在沒有海圖的北大西洋上時，每天在他的航海日誌上寫下的。

相信，當他寫下這句話的時候，心情想必是徘徊在盲目的希望和完全的絕望之間。

據說，當時的情況異常惡劣，暴風雨已經損害了其中一條船隻。

「品達號」失了舵，三艘船上所有的水手也威脅著要叛變，或許，就連哥倫布本人對於這趟似乎愚不可及航行，也開始產生動搖。

可是，另一方面，他的心裡也有另一個聲音告訴自己：不要這麼快就急著放棄。

於是，憑著一股直覺和推理的智慧，哥倫布還是決定相信這是一條正確的航道，並產生了一股頑固的勇氣，勇敢地繼續往前航進，最後終於讓他看見新大陸。

「直覺」與「勇氣」並不是個特別令人舒暢的字句，其中隱含的不確定性，更無法讓人看見明確的未來。

可是在這個競爭異常激烈的時代，人們所需要的，絕對不會是隨著文明生活而來的怠惰與舒適，而應是更多的勇氣信心，以及一股堅持到底的精神。

世界越來越進步，人們的生活壓力與困惑不增反減。相信，哥倫布這位偉大航海家的名言用在今日，同樣可以激勵許多人，不斷地堅持自己的理想。

別忘了，今天，我們依舊繼續航行。

我的最高原則：不論遇到什麼困難，都決不屈服。

——居禮夫人

只要敢夢想，一定會成功——

憧憬，就是我們構築生命形式的計劃草案。但假使缺乏強毅的努力，則將止於「計劃」階段，淪為空中樓閣。

假使我們不斷勉勵自己要達到某項目標，最終我們一定會成功，雖然起初的時候似乎沒有這種可能。假使我們常常想著一定要實現自己的理想——不管是健康的身體、高貴的品格，又或者是偉大的事業，而且對於這些願望的渴念十分生動熱烈，那麼這些願望，最終也必會降臨在我們的生命中。

願望，必須能凝結成為「決心」，才會產生積極的作用。熱烈的願望和堅強的決心兩者相合，才能生出創造的力量，幫助我們達到目的。願望與努力兩者相加，才能生出輝煌的效果。

僅有願望而沒有決心，或僅有理想而沒有努力，這種理想願望，最終還是會煙消雲散的。

我們的各種理想，有決定我們品格和生命形式的力量。我們心中所許下的願望，會在我們的容貌、舉止、品格、生命之中表現出來。我們必先有理想，然後才有生命的實際。

一所宏偉的建築，起初不過是建築師腦海中的想像。同樣的，一個人的生命實況、事業成功，也不過是自己理想的實現而已。

腦海中的憧憬，就是我們構築生命形式的計劃草案。但這種計劃假使缺乏強毅的努力，則將止於「計劃」階段，正像建築師的草圖，假使沒有工人實際工作，就會淪為空中樓閣。

土耳其有句諺語說：「別說過去你是什麼樣的人，要說你將來要成為什麼樣的人。」

假使你願意在生命中的某幾個方面有所長進，就應當熱烈、堅毅地實踐那些理想。

把這些理想、願望保存在你的心中，直至實現了為止。

記住，只要不斷集中精神在我們的願望上，就一定可以生出意想不到的創造力量。

> 我的靈魂啊，歲月匆匆流轉，你要為自己建造一座比一座更加宏偉的殿堂。
>
> ——霍姆斯

有目標，人生才有意義

如果我們能找出自己真正想做的事並付諸實行，人生的過程想必會來的更有深度，也更別具意義。

法國作家莫泊桑在《橄欖田》裡寫道：「人生森林裡的迷人歧路，原是由人類的本能和嗜好，以及慾望所造成的。」

如果你不想成為人生旅程中的歧路亡羊，那麼就有必要找出自己真正想做的事，專注於自己設定的目標。

許多人生活看似匆忙，但是因為不知道目的何在，所以不得不拚命地盲目追趕時間。

許多人的生活不能單純，也是因為他們的腦袋從來沒有真正「單純地思考過一件事」。

還有太多的人，更是從來不曉得停下來檢討一下，自己所追求的目標究竟值不值得，也不曉得自己要的到底是什麼。

偉大的自然哲學家亨利．梭羅當然也曾經面對這些問題。因此，當他發現自己真正想做的事情其實是寫作時，便下定決心要在森林中度過兩年的隱居生活，以種玉米和豆子為生。果真，他最後便成功地逃脫過去瑣碎忙碌的生活，專心寫書。

梭羅的做法，也就是前面所說的「單純思考一件事」。

換句話說，當他找到有價值的目標時，便立刻下定決心除卻那些浪費時間和精力的各種雜務，過單純的生活以求達成目標，這就是一種「單純思考」。

反觀我們，一般人的生活往往就是在許多繁瑣的枝微末節中過去，每天除了疲於奔命，弄得自己幾乎精神分裂以外，可說是一無所成。

但是，如果我們可以找出自己真正想做的事，並且有勇氣排除一切付諸實行，那麼到最後，人生的過程想必會比終日碌碌無為，不知為誰而忙來的更有深度，也更別具意義，你說是嗎？

有一些寶貴的東西作為它的目標時，生活才有價值。

——德國哲學家黑格爾

金錢不是人生的唯一目的

不只是生命，世上還有許多事情，價值同樣非金錢所能比擬，要是不懂得珍惜與愛護，這些東西很容易就會流失。

很久以前，有一對員外父子攜同五個奴僕一同上路，前往一年一度的金銀器皿市集做生意。為了避免途中碰上強盜，父親要僕人扮成自己，自己與兒子則假扮成僕人。

到了半途，果然出現一批強盜，個個身形壯碩，一臉兇惡，只見領頭的假員外正與強盜頭目對話，父親則連忙把值錢的物品都藏到馬車底下的暗格。

好不容易收拾好，一抬起頭，父親卻見到兒子耳朵上還掛著純金製的粗耳環，伸手就要拉下耳環，兒子忍不住痛得哇哇叫。

兒子的叫聲引起強盜的注意，情急之下，父親馬上操起手邊的大刀往下一砍，兒子的叫聲這才停止。

被派來探看的強盜挑著眉打量著眼前的父親，又看看倒在血泊中的無頭兒子。

「這膽小鬼見到強盜，拔腿就要逃，我一時氣不過，就砍了他一刀。」父親低著頭，發抖地說。

「哈哈哈，真是有趣，人人見了強盜當然都想跑，就你有骨氣，想留下來跟我們對打不成？」強盜一邊說一邊大笑，之後揚長而去。

父親看強盜走遠，立刻拿起兒子的頭接上脖子，連聲叫道：「醒醒呀！不用再裝了！我們要繼續出發趕路了。」

一連喊了好幾聲，兒子依舊一動也不動，父親忍不住大聲哭道：

「我砍了兒子腦袋，他就生氣不要我這個爹了，真是不孝子呀！」

錢財與生命究竟孰輕孰重，這個道理一想便知，這位父親卻為了不讓耳環被搶走，於是砍了兒子腦袋，實在一點都不值得。

不只是生命，世上還有許多事情，價值同樣非金錢所能比擬，比如健康，比如情感；要是不懂得珍惜與愛護，這些東西很容易就會流失。因此，與其失去之後再苦苦追尋，到不如趁擁有的時候好好珍惜。

若為了金錢而犧牲掉許多買也買不到的珍貴事物，不是和故事裡的父親一樣傻嗎？

財富讓你下地獄的程度，比貧窮還要厲害不只十倍，財富連你的肉體都救不了。

——愛爾蘭作家蕭伯納

寬恕他人就是善待自己

如果我們懂得為他人著想，也懂得冤冤相報何時了的道理，那麼很多事端也許都可以因此避免。

有兩個人結伴同行，在經過一處杳無人煙且雜草叢生的地方時，草叢裡突然傳出窸窣的腳步聲。

只見，最先發現的那人馬上不動聲色地退到另一人後方，然後若無其事地繼續走，沒多久，前方果然跳出一個人影，退到後面的那人馬上遁入草叢裡躲避。

這時，走在前面的人往後一看，夥伴竟然不見了，前方的強盜手持大刀，一伸手就把他緊抱在懷裡的大衣搶走。

「啊，那是我的大衣呀！」

「現在是我的了。」強盜大笑，又接著說：「還有什麼值錢的東西，乖乖交出來！」

這人眼巴巴地看著自己最喜歡的大衣，想了又想，突然說：「這大衣值一枚金幣，我用一枚金幣跟你換好不好？」

強盜一聽，一口便答應了，只見這人顧不得害怕，來到強盜身旁，伸手翻找著大衣的領子，把縫在上頭的金幣拆下來交給強盜。

強盜拿著金幣，笑說：「我怎麼知道它是真是假？」

「這個簡單！草叢裡有一個跟我一同上路的金匠，你可以拿給他鑑定。」這人脫口而出。

強盜馬上變了臉色，提起刀就往草叢裡砍，嚇得同伴從草堆裡滾了出來，跪在地上哭道：「不要殺我、不要殺我……」

「把身上值錢的東西交出來，包括衣服！然後給我滾。」強盜大聲對二人說道。

兩人一聽，急忙脫下內外衣，光溜溜地拔腿就跑。

躲在草叢裡的人只顧自己逃命，不管對方死活，因此跟強盜碰頭的人也想藉機報復，拖對方下水。

但是，彼此皆棄對方於不顧，甚至相互陷害的結果，就是雙方都得不到任何好處。

很多人往往都會也有這種「要死也要拖著對方一起」的報復心態，但是，最後也往往跟故事中的兩人一樣，沒有誰因此比較快活。

以這個故事為例，如果第二人沒有將夥伴供出，那麼損失的就可能只是一枚金幣而已；甚至，如果第一個人事先出聲警告，那麼或者兩人都可以安然脫身。

也就是說，如果我們懂得時時為他人著想，也懂得冤冤相報何時了的道理，那麼很多事端也許都可以因此避免，更不會有仇恨之心產生了。想要做到這一點並不難，可惜的是，太多人卻往往因為執著一時的意氣，反而忘了「寬恕他人，就是寬恕自己」的道理。

如果他能原諒寬容別人的冒犯，就證明他的心靈乃是超越了一切傷害的。

——英國哲學家培根

別讓惡意遮蔽了善良的本性——

人有分辨善惡的智慧，但若是將身為「人」的優越條件與智慧用於惡途，那無疑是暴殄上天賜給我們最好的禮物。

有一個小孩在海邊玩耍，看到岸邊有一隻海龜，於是興奮地衝過去抱住牠。海龜奮力地掙扎，但還是抵不過小孩的力量。

小孩伸手想要抓住海龜的腳，海龜卻馬上將四隻腳縮起來，連頭也躲進龜殼裡。

小孩子隨手拿了顆的石頭，就往龜殼上敲。咚咚地敲了好些時候，海龜仍堅持不探出頭，他氣得往龜殼上一坐，一邊說：「等你一伸出頭來，我就拿石頭砸下去，看你往哪跑！」

過了許久，海龜與小孩仍僵持不下，這時有個人路過，便問小孩：「你怎麼坐在龜殼上？」

小孩氣呼呼地說：「我要等牠出來，拿石頭砸牠！」

路人愣了一下，隨即笑問：「你坐在龜殼上多久了？」

「大概有一兩個小時吧！」小孩回答。

「告訴你，只要把海龜丟進水裡，牠馬上就會出來。」路人說道。

「真的？」小孩露出懷疑的目光，路人則是雙手一攤，擺出信不信由你的模樣。

小孩立刻站起來，使勁把海龜往海裡推，當海龜一碰到海水，果然立刻伸出頭和四肢，揚長而去。

不管是早晨冰涼的露珠，正午悶熱的空氣，又或是天空中日夜不同的樣貌，人類所有的感官以及心靈，不單能感覺到這些有形的變化,也能感受到無形的情感語溫暖。

因為是「人」所以有著比萬物更高的智慧能分辨是非分辨善惡,但若是將身為「人」的優越條件與智慧用於惡途,那無疑是暴殄上天賜給我們最好的禮物。

因此,我們必須懂得發揮己力,對所有人事物乃至於自然,都以體貼溫和的心面對,善用天賦的恩典,發揮人性的光明,不要讓一時的惡念或劣根性掩蓋了天賦的善意。

沒有單純、善良和真實,就沒有偉大。

——俄國作家列夫·托爾斯泰

別爲了討好他人失去原則

如果為了討好每個人，而放棄了自己應有的原則和堅持，那麼最終只會落得隨波逐流，失去自我的下場而已。

多數人常常因為聽說某人不喜歡自己，因而花盡心思，試圖想要討每一個人的歡心。也常常以認識多少政商要角，以及各種邀約的多寡，與傳聞中某些人對我們的評價，來衡量自己的社會地位。

簡單地說，我們往往太忙著交朋友，也太唯恐得罪別人。

據說，在美國某個小鎮上有個律師，受到當地少數人的痛恨，這些人厭惡這名律師的程度，甚至已經到了恨不得扒皮吞肉的地步了。

不過，這名律師卻因為這些惡意，反而變得更堅強。對他來說，不清楚敵人們厭惡自己的理由，才更值得人著急。

他被人厭惡的原因，其實是顯而易見的。

一位腐敗的官員，譏笑他太過堅持公務機關必須守正不阿；野心政客因為他替種族與宗教的少數人爭取平等而感到不自在。

一位頑固的宗教狂熱分子，由於他將道德法律解釋得溫和深入而大為光火；一位疑心病重的現實主義分子，不了解他口中的愛與美。

而另一位精打細算的金融界人士，則是公開譴責他不理會市場機制，仗義疏財的做法。

可以說，這位律師的一生都遭人誹謗，可是這些攻擊對他而言卻毫無作用，反而還使他獲得更多人的尊敬和愛戴。

從這位律師的故事，我們就可以明白，雖然沒有人喜歡自己不得人緣，可是，在某些時候，我們也不應當害怕樹立敵人。

穩健的大樹，一定有著長長的陰影。如果為了討好每個人，讓人人都滿意，而放棄了自己應有的原則和堅持，那麼最終只會讓自己落得隨波逐流，失去自我的下場而已。

在一個侏人的眼中，即使有像奧林帕斯山峰一樣高大的錯誤。也會視而不見。

——莎士比亞

皺紋也是人生的一種過程

歲月表現在人身上的，除了皺紋以外還有歷練。除去歲月的烙印，也等於抹滅一個人顯露在外的人生刻痕。

據說，美國總統林肯有一回在提名組閣的時候，一位顧問迫切建議他提名某位候選人。可是，林肯卻不願意接受這個意見。

「我不喜歡這個人的長相。」林肯直截了當地說。

他的推薦人告訴他：「可是這個倒楣的人，不應該對自己與生俱來的相貌負責吧？」

「每一個四十歲以上的人，都應該對自己的相貌負責。」林肯丟

下這句話之後，便開始顧左右而言他。

大部分人都怕老，尤其是女性，對於歲月在臉上留下的痕跡更是避之唯恐不及，但是，雖說出現皺紋會讓人顯得衰老，但皺紋卻也是一個人努力走過一生的最佳證明。

據說，有位女性作家在出版商的鼓勵下照了幾張照片。因為先前的那張照片已經很久了，不能再用。但是，這位女作家其實十分不喜歡照相，尤其最近新拍的這張，更讓她不滿意。

作家把這張照片，與二十五年前那張舊照相比，一想到得將這張年華老去的照片放在書裡，女性的自尊心頓時大受打擊。

從沒有上過美容院，認為太過重視外在的保養只是自欺欺人的她，甚至還一度想用影像軟體將照片裡的自己美化一番。

可是經過仔細考慮，作家又有了一番不同的想法，認為現在的自己，一定遠比以前的自己經驗豐富得多，而且也更具有個性，於是她最後還是決定將這張近照原封不動地寄出。

確實，歲月表現在人身上的除了皺紋以外，還有很多苦與樂、憂與喜、死與生交雜的人生歷練。

在這段時間內，一個人也許曾經奮鬥掙扎，也曾歷經失敗和成功，甚至曾經失去信心而又重新尋獲，因此應當比年輕時更為睿智溫柔，也更能忍耐，更為寬厚；見識一定更廣，感情一定更豐富。而這一切都應該在相貌上表露出來。

因此，從這個角度上來說，除去歲月的烙印，不也等於同時抹滅了一個人顯露在外的種種人生刻痕嗎？

青春是不耐久藏的東西。

——莎士比亞

太被看重，日子也會變得沉重

能輕易被人代替又有什麼不好呢？至少，我們可以更有餘力做自己想做的事，而不必有太多後顧之憂，不是嗎？

據聞，有位華人醫生曾經收過這樣一封讓人感動的信：

「親愛的醫師，或許你已經不記得我了，但我依舊希望這封信不會讓你太過驚訝。

兩年以前我曾經到過您的醫院，當時是由另外一位醫師照應。那時候，我的孩子剛生下來就夭折了。就在那天，那位醫師來看我，當他要離開時對我說，您看到我的名字，想見見我。那位醫生認為，我的孩子剛剛過世，應該不願意見到別人，所以便替我回絕了。但是過了一會兒，您就來了。您在我床邊坐了一會兒，話說得不多，可是眼神和語調非常慈祥，讓我覺得十分安慰。

當時的我注意到您似乎很累，雖然此後我就沒有見過您了，可是護士告訴我，您幾乎日夜都在醫院裡。

今天下午，我到一個朋友家中作客，花園的四周有圍牆，一邊牆上有塊牌子，上面寫著兩句話：『及時行樂，毋待太遲。』

這時，我突然想到自己直到現在還在悼念失去的孩子，所以完全沒有要再生孩子的念頭，可是當看到這兩句話時，我就決定不再等待，因為，或許等到以後就太遲了。

因為我想到孩子，也想到您臉上疲倦的皺紋，以及在我迫切需要時，您給予我的安慰。

我不曉得您的年紀，可是我相信您的歲數肯定足以做我的父親。

或許您認為這幾分鐘的探視根本微不足道，可是對一位極端悲傷的女人來說，這個意義是十分重大的。

所以我很想以這句話來回報您，希望您能對自己更好一點，懂得及時行樂，人生才不至於有所缺憾。」

任何人都有這種經驗，總以為自己在自己的工作崗位上十分重要，重要到無法離開。

但事實上，只是一個人離開對於組織來說，其實根本不痛不癢，自己的位置很快就會有人替代。

體認到這一點當然會讓人不舒服，可是回過頭想一想，這或許也不見得不好。

在今日，我們總是不斷地為他人忙碌，因而忽略了自己真正想要的是什麼。可是，人的命運難測，也許下一刻一切就會截然不同，若是不能及時過自己真正想過的生活，屆時後悔就已經太晚了。

因此，這樣一想，能輕易被人代替又有什麼不好呢？至少，我們可以更有餘力，做自己真正想做的事，過自己真正想過的日子，而不必有太多後顧之憂，不是嗎？

假如你覺得自己的日常生活很貧乏，不要去指責生活，應該指責你自己。

——德國新聞工作者弗希德

PART 7

替自己找到更好的遠景

從今天起，我們每天要有半小時的時間
與人群隔離，使自己心神鬆弛。
在半小時裡，我們要替自己的一生找到更好的遠景。

不要吹毛求疵，也不要患得患失

> 不值得在許多問題上吹毛求疵，即使問題暫時無法獲得解決，也不該老是患得患失。

法國哲學家尚福爾曾經說過：「在重大事件中，人們所展現的是自己最完美的一面，只有在瑣事中，他們才會暴露出本來的面貌。」

有的人總是受到負面情緒困擾，無法從瑣事超脫。這樣的人心裡是苦澀的，即使你在他嘴裡塞了一顆糖果也沒用。

一個人假使拘泥於日常生活中的瑣碎事務，處處跟自己過不去，那麼，任何人也沒辦法給他幸福。

曾經有一位挪威的農業先進，說了一番相當受用的話：「假使你每天都要為一些小事擔憂，那麼，一生便會平白損失好幾年的時間。有什麼不盡完美的事是你能改善的，你就該盡力去改善。但是記得，當你鍛鍊自己的時候，千萬不要憂慮，因為憂慮根本於事無補。」

經過這麼多年，我仍然覺得他對我提出這些忠告，對任何一個人都相當有幫助。

這位農業先進進一步說：「擔憂只會讓人白白浪費時間而已，這就如同為了小事把生命中許多美好的東西扔掉一樣。」

後來，我漸漸了解，他並不是要我們對所有的事都毫不在乎，也不是反對我們以未雨綢繆的方式處事，而是認為，當你能力所及時，就應當盡力把事情做好，如此思慮周到的行動才會有用。

他要教導我們的是，不值得在許多問題上吹毛求疵，即使問題暫時無法獲得解決，也不該老是患得患失。

他給我們的幫助和啟發就是，當一件事情遇到瓶頸時，不妨把注意力暫時轉到其他有趣的事物上去。

這種做法不但會使我們在平時，甚至是其他危急時刻，都不會浪費寶貴的時間，而以平靜的心情，從容迎接眼前嶄新的一天。

等待的方法有兩種，一種是什麼事也不做地空等，另一種是一邊等，一邊把事情向前推動。

——屠格涅夫《處女地》

尋找自己的生命潛能

一顆高尚的心應當承受災禍，而不是躲避災禍，因為承受災禍顯示了意志的崇高，躲避災禍顯示了內心的怯懦。

法國文豪羅曼羅蘭說：「人生原是與苦俱來的，不要沮喪人生的痛苦，應該在痛苦中學習、修養、覺悟，在苦難中發現我們內蘊的寶藏。」

要感謝上天賜給你的苦難，不要一遇到瓶頸就只會選擇沮喪退縮，因為，如果是這樣，你就就無法體會，當生命遭遇困頓磨難之際，就是人生開始風雲變化的時候。

我們可以見到，歷史上有許多偉大的人物，往往到了只有自己的勇氣與耐心可以依賴以外，一切外援都已經喪失，或者到了大禍臨頭，陷入退無可退的絕地，而不得不設法死裡逃生的時候，才會爆發出他們的真實力量。

我們也可以見到，許多舉世聞名的大商人，尚未遭遇經濟大恐慌，導致自己的事業一敗塗地、資產蕩然無存之前，也不曾發現他們自己的真實力量。

人，非到了可以幫助自己成功的外力已經失去，非到了生命中最為親愛寶貴的東西都已喪失的時候，絕不會發現自己的才能。

我們最偉大的力量，最卓越的潛能，其實一直蟄伏在我們生命的最底層，必須在人生旅程遭遇重大的變故、面對生死存亡的關頭，才能把它徹底喚醒。

唯有當我們感覺到前無出路、後有追兵的時候，感覺到一切的外援都已絕望的時候，我們才能激發出全部的潛在力量。只要我們還能得到外援，就不能發現我們自己的真實力量。

有不少偉大的人物，日後之所以能獲得非凡的成功，都是拜人生際遇中的種種不幸之賜，譬如至愛的父母、手足驟然死亡，苦心經營的事業、點滴累聚的財產瞬間化為烏有……種種困厄迫使他們不得不依賴自己，不得不用自己的拳頭，去打出一條生路！

義大利作家阿雷蒂諾曾說：「一顆高尚的心應當承受災禍，而不是躲避災禍，因為承受災禍顯示了意志的崇高，躲避災禍顯示了內心的怯懦。」

遭逢不測的變故而被迫擔負起重責大任的人，往往一年半載之後，人生就會出現迥然不同的氣象，因為，現實環境的砥礪，使他鍛鍊出了別人夢寐以求的堅強力量與品格。我們可以這麼說，「責任」是造就一個人成功的基礎！

責任是最足以激發我們內在力量的東西。從來不獨當一面的人，絕不能發揮他們的真才實學。甘心處於附庸地位，終身受人使喚的人，很難成為偉大堅強的人物。

如果沒有冬天，春天就不會那麼令人愉悅，我們若非有時嘗到痛苦，幸福就不會那麼舒心怡人。

——布雷茲特里特

把握生命中的每一個機會

每個人在人世間都只能活一次，我們有權選擇表現自己生命的方式——讓環境來決定一切，或是由自己來掌控。

生命中處處是機會，失意或挫折也是機會的另一種變身。我們應該是著將阻攔自己的人生苦難，化為追求生命喜悅的動力，不要遭遇不幸躲在陰暗的角落裡沮喪，更不要對應該立即行動的事情猶豫不決。

收到一封要求協助的信函，或是碰到一件需要決定的事件，一般人常常會把它擱在一邊說：「管它的！」

因為，不去解決也是一種解決的方式，而且還是最容易不過的方式。有許多問題可以這樣不了了之，然而，人生卻不能老是以這樣的方式渡過，我們終有一天要面對自己，對自己的生命負責。

要記住，生命是從不為我們停留的。

在戰場上，人們的生命和戰役的勝敗都取決於統帥的決策。假使時間允許，他當然可以對當時的處境做出最好的分析與評估。

但事實上，人在必須做決策的時候，往往不允許有太多時間進行周詳的研判，或猶豫不決。

短時間之內做出來的決策，或許並不是最好的決策，但是，只要我們能好好實行，還是比曠日費時才做出最佳決策，卻不能全力去實施要來得好些。

因此，最理想的情況是，我們平時就要隨時掌握相關資訊，並且在必要的時候做出最迅速的決策。

上帝是公平的，每個人在人世間都只能活一次，我們有權選擇表現自己生命的方式——讓環境來決定一切，或是由自己來掌控。

有一個年輕人在密蘇里州唸完高中，想要進入大學就讀之際，由於環境因素，必須先休學一年，拼命工作掙取學費。

然而，就在他找尋工作機會之時，出現一個生命的轉折點，他聽到西點軍校招生的消息。

如果可以順利進入西點軍校，他可以在那裡邊讀書，邊學做軍官，成就他的一番事業。

當時，對西點軍校一無所知的他，本來可以先工作一年，然後再做決定。可是，他只考慮了一個晚上，第二天便將自己的決定告訴母親：「我要到西點軍校去試一試。」

他十八歲的時候，就選擇自己的命運要由自己掌控，而不是受環境影響，他一直很清楚這一點。

當他從陸軍退役時，有人建議他應該開創自己的第二春。本來他也可以等一等、想一想，可是他仍然沒有這樣做，他告訴太太說：

「我要去試一試。」

這個年輕人的例子告訴我們，要隨時抓住時機，不要僅僅因為不能決定而猶豫躊躇，因為生命是從不停留的！

我們去完成某種事業，達到某種目的，不能像沼澤裡的青蛙一樣，把生命在咯咯的叫聲中消磨掉。

——特里豐諾夫《老人》

錯誤的心態會消磨你的期待——

美國心理學家詹姆斯曾說：「你的靈魂期待著什麼，就能讓你做成什麼事。」

英國心理學博士葛雷姆．華特說：「思想就是力量，妥善運用思想的力量，我們既可以塑造自己，也可以改變環境。」

確實如此，思想可以塑造自己，也可以改變環境，這是東西方宗教家與心理學家共同的信念。

現代人正面臨著層出不窮的危機與困厄，要使生命擺脫黑暗，最好的辦法就是讓生命充滿陽光；要使自己遠離失敗，最快速的方法是改變自己的思想，喚醒心中沉睡的偉大力量。

一個人假使常常懷疑自己的能力不足以成功，那麼這樣的人絕無成功的可能。

只有一心想要成功的人，最後才可能成功，當然，他的心理狀態必須是積極的、向上的、樂觀的。

倘使你心中一面盼望著完成某件事，心中卻在期待著相反的狀況發生，這種心態是矛盾而且錯誤的。譬如，假使你希望自己變得富裕，可是心中同時卻懷著自己擺脫不了貧賤的疑慮，那麼你永遠也不會成功致富。

許多人在拓展事業時，就是因為精神態度無法與實際的努力相互輝映，所以不管再怎麼努力，也是徒勞而無功。

他們心中所懷的錯誤態度，無形之中消磨了自己追求成功的熱情與期待。心中既然沒有必勝的期待，也沒有堅毅的自信與決心，自然不可能獲得成功。

美國心理學家威廉．詹姆斯曾說：「你的靈魂期待著什麼，就能讓你做成什麼事。」

最足以使病人病情趨於惡化的，往往就是這種內心的，不良的負面心理作用。

有的病人常常擔憂自己的病情惡化，甚至憂心忡忡地幻想著可能併發其他的病症。

這種不良的精神狀態對於病體會產生可怕的惡性影響，使病人生命與活力的泉源日漸枯涸，而終至於死亡。

唯有樂觀的期待與堅定的信仰，才能夠根本治癒疾病。

病人如果對病情抱著樂觀而開朗的心態，相信醫師及藥劑一定能治好自己的疾病，這種健全的精神狀態治癒疾病的功效，實際上遠超過於醫師及藥物。

相同的，一個人常常期待著自己的將來充滿光明希望，期待自己未來的人生是幸福的，總有一天會在社會上出人頭地，養成這種健康的心理，對於人生或事業上的幫助，也遠遠超過於任何東西。

疑惑足以敗事，一個人往往因為遇事畏縮的緣故，失去了成功的機會。

——莎士比亞

人生往往是禍福消長

在事情的前景很黯淡或是特別順利的時候，要提醒自己得意之際不要忘形，黯淡之時不要失望。

太多人沉溺於過去而悔恨不已，想要超越自己，就必須把過去當作跳板，而不是把它當成沙發。

因為，一切的不幸與苦難，都只是過眼雲煙，實在不必讓自己陷入被絕望糾纏、為失志憂鬱的框框中，如此一來，才能擁抱屬於自己的快樂日子。

大衛一直認為，世界上最快樂的人，是英國南部外海威特島上的一個漁翁法蘭克。因為，這個樂觀的老漁翁在他生命成長過程中，扮演著相當重要的激勵角色。

大衛很小的時候，父親就在土耳其達達尼爾海峽發生意外事故，不幸去世。他的母親是法國人，長得很漂亮，父親去世後，便帶著四個兒子再嫁。

大衛的繼父性情很可怕，常常對他們四兄弟擺出陰霾的臉色。不知道為什麼，他特別憎恨大衛，所以，大衛六歲的時候就被送到寄宿學校就讀。

那時候，到英國公立學校就讀的，都是來自低下階層的貧民子弟，教師們也帶有陰晴不定的虐待狂氣質。七歲那年，大衛因為記不住拉丁文文法中各種詞類的變化，而被老師狠狠毒打了一頓，還被關在四樓教室的窗外。

夏天和復活節放假回家時，大衛經常到威特島上去找那位老漁翁法蘭克，向他傾訴學校裡的種種不幸遭遇。

每次，他到島上之時，總是懷著滿腹憂愁苦惱，但是在老人的幫助下，最後都能一笑置之。

他也教大衛如何釣魚，如何用手抓龍蝦。從那時候開始，由於對於大自然的愛好，使得大衛性情逐漸開朗。

最重要的是，老漁翁法蘭克曾給大衛一個忠告，至今大衛仍然將他的話牢牢記在心頭。

他望著大海，意有所指地對大衛說：「我已經釣了五十年的魚了。也許有一段時期，曾經因為運氣很好，所以能捕獲很多。不過，接下來可能會有好幾天毫無收穫，一條魚也不上鉤。人生的一切都是互相消長的。」

他給大衛的忠告中蘊含許多處世智慧。在事情的前景很黯淡或是特別順利的時候，大衛常常想起他的話，提醒自己得意之際不要忘形，黯淡之時不要失望。

因此，不管得意或失意的時候，他總是想起那個老漁翁，同時告訴自己：「我所認識的世界上最快樂的那個人，他覺得最快樂的事，便是有時候魚兒上鉤，有時候魚兒不上鉤的。」

廣闊的地平線引導心靈產生整體思想，受限制的地平線使人產生局部觀念。

——雨果《九三年》

相信自己一定會勝利

美國詩人朗費羅曾經寫道：「成功與失敗，不在於街上人聲鼎沸，不在於如潮的歡呼與掌聲，而是在於我們自己。」

英國知名作家王爾德曾經如此寫道：「看起來痛苦的磨難，經常只是幸福的偽裝而已。」

的確，幸福經常戴著不幸和痛苦的面具出現在我們的面前，只要我們不去逃避，進而勇敢地去面對這些不幸和痛苦，我們就有機會揭開這些不幸和痛苦的面具，發現早已存在自己身邊的幸福。

我們不應為人生的苦難和生命的短促而嘆息，應該為人生的幸福和生命歷程的豐富，而充滿感激和喜悅。

因為，在現實生活中，如果缺少讓你感到痛苦的失敗挫折，你又如何能夠體會得到那種「終於成功了」的喜悅呢？

人生未來的旅程也許是不可預知的，但是，一個充滿信心而具有遠見的人，會及早培養正確的人生態度，堅持自己的理想，穿越人生的泥沼。

你應該堅定地相信自己終究能完成所有的理想，相信天底下沒有自己完成不了的事！

對自己不要存有一絲懷疑的念頭。你應當將種種負面的想法逐出你的腦海，只留下那些可以幫助你成功的思想。

人體的各種機能，都依照意志的命令而運作；意志期待它們做什麼，它們就發揮什麼功用。假使我們期待得越大，要求得越迫切，而一定要它們執行我們的志願，那麼它們自然會順從我們的意志，採取必要的動作。

絕大多數的成功人士當中，都對自己充滿信心。不管眼前遭遇的情形是怎樣慘澹黑暗，他們總是堅決地相信自己會獲得「最後勝利」。這種樂觀的期待心理，會衍生出一種神奇的力量，使他們達到最終的願望。

期待自己成就一番大事業的這種心理，最足以激發我們潛在的能力。這種期待可以喚起我們潛伏的力量，這種力量要是沒有熾烈的期待、殷切的催喚，是會永久被埋沒在內心深處的。

你應該堅定地相信自己終究能完成所有的理想，相信天底下沒有自己完成不了的事！

你應該常常懷著「前途光明」的期待，懷著只要自己努力奮鬥，偉大宏麗的人生遠景必然就在不遠處等候著自己！

詩人朗費羅曾經寫道：「**成功與失敗，不在於街上人聲鼎沸，不**

在於如潮的歡呼與掌聲，而是在於我們自己。」

抱持著積極樂觀的期待態度，期待著一切事情都會有圓滿的結局，自己終究會成功而非失敗，生活一定幸福而非痛苦，這才是對自己的生命最有裨益的心靈法則。

凡是稟持著強烈期待的人，縱使眼前的環境極為困難，最後仍然會成功，因為堅強的精神態度，會肅清通往成功的道路上，一切足以阻礙自己人前進的「敵人」！

如果你心情陰鬱，出神地沉思，那麼結果必然是漆黑一片的失望。

——康格里夫《一件不可能的事》

替自己找到更好的遠景

從今天起，我們每天要有半小時的時間與人群隔離，使自己心神鬆弛。在半小時裡，我們要替自己的一生找到更好的遠景。

法國作家安德烈．紀德在它的小說中，有一段激勵人心的話說得很好，他說：「人人都有驚人的潛力，要相信自己的力量與青春，要不斷告訴自己：我就是命運的主宰。」

只要下定決心改變，人就是自己生命的主宰。

千萬不能淪為被命運支配的傀儡，即使生活到了難以忍受的地步，只要你充滿信心與希望，終究會開創屬於自己的輝煌時光。

從今天起，我們必須要求自己求貫徹這一天的生活，不打算把一生的問題立刻都解決。

假使我們把每一件事都看成會影響一生，那麼，就算是一點點小事也會讓我們做上十二小時。

從今天起，我們要保持心情愉快。記住林肯曾經說過的話：「大多數人都是決心要怎樣快樂，便能怎樣快樂的。」

從今天起，我們要好好用功，努力研究，學一點有用的東西。不要讓自己心靈空虛荒蕪，要讀一些需要下功夫、需要深思、需要集中注意力的書籍。

從今天起，我們的行為要合乎正道，要戰勝慾望，不讓一切都依從自己的私慾而行。

從今天起，我們要用三種方法來淬勵自己的心靈。

一、我們要做一件好事，而不被人發覺。

二、我們每天至少要做兩件應該做、而自己不想做的事，來鍛鍊自己的意志力。

三、不向人們顯露出自己曾受過打擊的情感，即使真的遭受打擊，也不要表現出來。

從今天起，我們要讓自己看起來很和藹可親，要儘量使人看得舒服，衣著合適，低聲說話，舉止有禮。

從今天起，除了批評自己以外，不去批評他人，不揭露別人的短處，也不要強求改變他人，或者試圖約束他人。

從今天起，我們要有一個計劃，也許目前不能完全做到，但總該有一個計劃。

從今天起，我們要超越自己，要糾正自己的兩個缺點：遇事慌張，優柔寡斷。

從今天起，我們每天要有半小時的時間與人群隔離，使自己心神鬆弛。在半小時裡，我們要替自己的一生找到更好的遠景。

從今天起，我們不再懼怕，也不怕享受美好的東西，而且要相信，我們對世界有多少貢獻，世界也會給我們相當的報酬。

在困苦的死寂之中，有時候暴風雨將來臨的呼嘯，卻預示著黑暗快要結束。——蓋斯凱爾夫人《瑪麗·巴頓》

你的腦筋爲什麼會打結？

只知道工作而不懂得休息，會讓你的腦筋打結，變得越來越笨。一旦你的身體健康出了問題，你的腦筋也會跟著渾沌不明。

在工作場合，我們不時可以見到滿腹牢騷的上班族，成天埋怨自己職位太低、薪資太少。其實，會發出這種抱怨的，通常都欠缺應有的競爭力。

殊不知，不論在職場或是商場上，競爭的輸贏取決於創新速度、應變能力，以及自己是否用心。

大部分在事業上有所成就的人，絕不會終日埋頭苦幹，也不會老是顯得自己的工作十分繁忙，每天都得跟時間進行激烈的賽跑。

某家大公司的總經理，每天留在辦公室工作的時間，最多只有二、三個小時。他常常到各處旅行，在大自然風光中舒展自己的身心，他認為，唯有如此調適自己的身心狀況，才能保持工作效率。他不願像大多數人一樣，在過度的工作中摧殘自己，最後弄垮自己。這種心態讓他在事業上獲得非常大的成就。

因為他的身心得到充足的休養，所以辦起事來十分敏捷而有效率，工作非常迅速，絕少發生錯誤。

因此，他常常在三個小時內就完成別人必須耗費八、九個小時，甚至日以繼夜工作的進度。

一個生活規律而懂得適時休憩的人，會散發強大的生命力，抵抗各種疾病，渡過各種難關，應付各種突如其來的打擊。

相反的，只知道工作而不懂得休息，會讓你的腦筋打結，而且變得越來越笨。

對人們來說，休閒娛樂在我們的生活中佔有相當重要的地位。有許多僱主老是強迫職員長時間工作，而忽略了適度的休憩可以使人的身心維持均衡狀態，增進工作效率。

許多急於出人頭地的人，似乎以為身心健康是很好「溝通」的，會按照自己的意志進行調整，因此，根本不注重健康法則，勉強自己一天做二、三天的工作量，用盡各種方式糟蹋自己的身心，直到健康出了問題才後悔莫及。

這樣的人既失去了健康，也難以獲得成功。

大多數人的生活方式，都在兩極端中來回行走——糟蹋身體，然後求醫診治，結果導致體力衰微、精神耗弱，而且在這種病態的循環中產生了失眠、憂鬱、沮喪……等等負面思想！

身體健康與精神健康是息息相關的，一旦你的身體健康出了問題，你的腦筋也會跟著渾沌不明，精神時時陷入恍惚狀態。

我們經常可以發現，一個身強體健的人儘管才智不高，但是他的成就，往往會超過才能出眾卻身體衰弱的人。

如何才能成為一個精力旺盛、身強體魄的人？

其實，方法很簡單，全看你願不願意執行。只要我們能過著規律協調的生活，懂得適時從忙碌的工作抽身，讓自己多一點休閒娛樂，便能達成這個目標。

聰明的人雖然開始的時候衝勁十足，但是最後仍因為缺乏堅持而失敗，而他的位置，通常由腳踏實地的辛勤工作者所取代。

——J．R．陶德

別把精力花在憎恨上

B．T．華盛頓：「我絕不容許別人利用激將法，來使我痛恨他，以達到污染我自己心靈的目的。」

人只有把抱怨環境的心情，化作奮發向上的力量，才能超越原本渺小的自我，同時，這也是成功的保障。

有一個想當作家的年輕人，曾在一個機構做事。他很不喜歡自己擔任的工作，一連好幾個月，每天回家便向太太抱怨，他的上司為了要欺負他而使出種種暴行。

他的個性害羞內向，也非常敏感，在家裡，他常常對太太說：

「我真恨死了那個傢伙。」

如果太太好言勸慰他，他就會更進一步說：「那個傢伙真是天生討人厭！」

就在那一段時間過後不久，他偶然間聽到這樣一句寓意深遠的話：「我絕不容許別人利用激將法，來使我痛恨他，以達到污染我自己心靈的目的。」

從來沒有一句話給他這樣大的震撼，因為剎那之間，他感覺自己變得相當渺小卑賤。

說這句話的人是B．T．華盛頓。他本來是一名黑奴，後來成為一個著名的黑人教育家兼社會改革家。

在人生奮鬥歷程中，他曾經遭遇過許多無以明狀的委屈與羞辱，因此這句話對他而言，可說是有感而發。

想想B．T．華盛頓經過這麼多的挫折與奮鬥，卻能如此毫不在意，如此豁達，如果將我們日常生活所碰到的麻煩與他相比，那又算得了什麼呢？

從那時候起，那位年輕人便不再把自己的精力虛耗在憎恨別人上，也因為如此，他發現自己有更多的時間與精力，去追求自己想要的美好的東西。

哪怕全世界的人都恨你，都相信你壞，只要你自己問心無愧，你也不會沒有朋友的。

——夏洛蒂．勃朗寧《簡愛》

PART 8

麻煩越少，幸福越多

從「你們要人家怎樣待你，
你們也要怎樣待人家」的訓戒中，
你可以找到最簡單，
也是最有效的求快樂的秘訣。

假象常常讓人迷妄

我們經常看到一些人把頭銜、財產、權力，錯認為是很偉大的終極價值。殊不知這不過是一種假象罷了。

羅曼羅蘭所寫的《貝多芬傳》裡，有一段值得我們深省的話語：「公爵，你之所以成為公爵，只是由於偶然的出身，而我之所以成為貝多芬，則是靠我自己。」

這段話提醒我們，名利權位等等假象時常讓人陷入迷妄，錯把外在的一切當成真實的自己。

有位學校社團為了某項會議特別邀請一位著名的評論家來演說，

沒想到他說：「一般來說，我一場講演的代價是五萬元，因為是你們是學生，就算三萬元好了。」

因為沒有這筆預算的緣故，他只好客氣地婉拒了。

在現今的社會，有時候「謝禮」是理所當然的事，要邀請知名度頗高的演藝人員上場，也許所付的代價更高。

然而，其中有頗值得商榷之處。

由於各種社會現象的作用，我們不難發現，無論是在演講、書籍、繪畫、歌唱……等方面，消費者似乎都無法抗拒知名頭銜的吸引。如果真的具有那種聲望的價值還沒有多關係，只是，其中不乏有名無實的人物。

也許有人會這麼說：「這也是沒辦法的事，例如某些人並未擁有那種價值或號召力，但想由其中牟利的人卻仍然會不停地抬高他們的價值。」如果是這樣，被塑造成偶像的人本身，以及盲目崇拜偶像的人似乎都應負一些責任。

在現今的社會上，我們經常看到一些人把頭銜、財產、權力，錯認為是很偉大的終極價值。殊不知，這不過是一種假象，遠在兩千多年前，佛陀已洞悉這種假象，而告誡我們要「破迷除妄」。

今天，很多人在政治、經濟、宗教、文化等方面追逐虛假的生命價值，何不洞悉這種假象，看清事情的真面目，進而接觸真正的善知識，追求真理？

> 不要覺得怪異，人就是這樣，常常為了立即幻滅的泡影，不惜犯罪、做惡、惹麻煩、鬧糾紛。
>
> ——克雷洛夫

爲自己找一處精神轉換所

當你陷入低潮，不妨試著去尋找一處精神轉換所，讓自己融入生動有趣的環境，找出可以使自己發笑、使自己讚嘆或忘神的事物。

無論遭遇到什麼困境，不要只想到不幸和痛苦，應該多回想一些愉快令人欣喜的事情，以最寬厚的心對待自己，如果你種下快樂的種子，自然會收穫快樂的果實！

當你感覺到憂鬱、失望時，只要你努力改變週遭環境，你將會體驗到一股神奇的精神力量正在挽救你的心境。

試著對自己或週遭的人說些一些風趣幽默的話，如此，遮蔽你心田的黑雲將會逃走，而快樂的陽光必會照亮你的生命！

儘量告訴自己，不要去回想那些不愉快的事情，或是挖掘那些沉澱在心中的酸澀記憶。

因為，那些負面情緒會讓你產生負面思想與暗示，將會對你造成不良的影響。

當你陷入低潮的時候，不妨試著去尋找一處精神轉換所，讓自己融入生動有趣的環境，找出可以使自己發笑、使自己讚嘆或忘神的事物，這將會使你的心情產生全新的改變。

這種神奇的變化，有人可以在風趣幽默的交談中找出，有人會在扣人心弦的影片中尋獲，有的人則在認真工作中發現，或者在埋首於一本有趣或激勵性的書本中尋出，當然，也有可能在閒逸舒適的休憩中出現。

如果你是一個喜歡大自然的人，海濱、山野都是很好的精神轉換所，是治療憂鬱的最佳場所，往往只需花一個小時的時間在灑滿陽光的山野小徑或沙灘上漫步，便能改變你的精神狀況。

當憂鬱的陰影被陽光照透，頹喪的迷霧就會逐漸散去，此時，你便會感覺到自己如同重獲新生一樣的美好。

自然像我們伸出歡迎的手臂，請我們享受它的美；但是，我們卻畏懼它的寂靜，衝到擁擠的城市，像逃避惡狼的羊群一樣擠成一團。

——紀伯倫《主之音》

走向充滿陽光的地方

假使你覺得前途黯淡無望，覺得週遭充滿了愁雲慘霧，應當朝著人生的另一個方向走去，面向充滿希望與期待的陽光。

俄國作家高爾基在《無用之人的一生》中說：「人類生活的一切不幸的根源就是貧窮。因為貧窮。所以才有嫉妒、怨恨、殘暴，所以才有一切窮人對生活的恐怖與相互疑懼。」

你必須及時斬除一切的貧窮思想，疑懼思想。從自己的心扉中，撕下一切不快的、滿是黑暗的影像，換上光明而愉快的景象。

很多年輕人之所以貧窮，就是犯了缺乏自信心的毛病。他們曾經嘗試過許多事件，但最後都告失敗。他們沮喪地說，自己已經不信任自己的能力，每當找到一項職業時，從不認為自己會成功，所以，他們不斷地失業、挨餓。

這些年輕人，為什麼一事無成，甚至窮困潦倒？就因為他有著錯誤的心理狀態，無法超越自我，以至於無法走上人生的康莊大道。

貧窮本身並不可怕，可怕的是思想的貧窮，一心以為自己注定要貧窮，必須老死於貧窮，這種思想多麼可怕、可憎！

假使你覺得自己的前途黯淡無望，覺得週遭的一切充滿了愁雲慘霧，你應當毅然轉過身來，朝著人生的另一個方向走去，面向充滿希望與期待的陽光，將黑暗的陰影遺棄在背後。

每天醒來，都要在心中不斷對自己說：「**我應該是幸福快樂的，那是我天賦的權利！**」

心中不斷地渴望得到某項東西，同時滿懷堅毅的決心去奮鬥，最終你就都會如願以償。

事實上，世間有千千萬萬個窮人，就是明白這層道理，靠著自己不斷的努力而掙脫了貧窮的生活。

生命中的一切痛苦，畢竟只是懦弱的表現，在堅強有力的意志感召下，它們自然會悄悄地隱退。

——茨威格

麻煩越少，幸福越多

從「你們要人家怎樣待你，你們也要怎樣待人家」的訓戒中，你可以找到最簡單，也是最有效的求快樂的秘訣。

威爾．杜蘭特是美國的著名哲學家與史學家，他的著作甚多，其中包括捲軸浩繁的《文明的故事》等。

但是，當一家雜誌社要他舉出他喜歡的座右銘時，他卻拋開這兩種身分，把他寫給三個孫兒的十條家訓寄給雜誌社。

以下就是他所寫下的十條家訓。

1. 每天早晨必須梳洗乾淨，連浴室也要整理得一塵不染。

2.早晨離開臥室,一定要把脫下來的衣服放在抽屜或主櫥裡。

3.身上穿的衣服必須非常雅潔,因為別人真正了解你以前,他們只憑看到的外表來判斷你。而他們的判斷,有時候會影響你的前途與幸福。

4.無論是居家或步入社會,都要保持歡愉,你惹出來的麻煩愈少,獲得的幸福便愈多。

5.人家說話的時候,不要插嘴。討論是可以的,但不要爭辯。要從人家不同的意見中發掘並接受你沒有找到的真理。

6.對人都要有禮,要體諒人家,特別是對那些反對你的人。

7.儘量少看、少聽、少注意不夠成熟的事物。一個人的心靈是由他所吸收的事物構成的,所以不要把心靈看作垃圾箱。

8.每天要讀一點書,讀書時,人就漸漸長進。

9.內心要保持傲岸,外表則保持謙和。外表謙和使周遭的朋友易於同你相處，內心傲岸可以激勵你擺脫卑賤和懈怠。

10.從「你們要人家怎樣待你，你們也要怎樣待人家」的訓戒中，你可以找到最簡單，也是最有效的求快樂的秘訣。

要知道，人不存僥倖之心，方可為幸運的主宰，而幸運除了懦夫之外都是不敢欺凌的。

——喬叟

生活單調會摧殘生命的活力

許多尚未年老而身心已經衰疲的人，往往會覺得生活單調乏味枯燥不堪，原因就在於他們一再重複著機械式的生活模式。

健康是生命的泉源，人一旦失去了健康，便會了無生趣，做事毫無效率可言。

這時，生命頓時陷入黑暗、慘淡之中，對世上的一切事物都喪失興趣與熱忱。所以，有著健康的身體、健全的精神狀態，真是一件幸福的事啊！

我們常常可以看見，許多原本可以有一番傑出作為的人，卻因為被衰弱的身體牽絆住，以致於無法施展雄心抱負。

也有許多人生活得不快樂，因為，他們覺得由於身體健康不佳，導致在事業上只能展現一部分的實力，無法達成自己的理想。

天底下最大的遺憾，莫過於壯志未酬。一個人有著傑出的能力，卻沒有健康的身體作為後盾，有著雄心壯志，卻沒有充沛的體力加以實現，這無疑是件令人難過的一件事情！

許多人之所以飽嘗「有志難伸」的痛苦，就在於他們不懂得讓身心保持最佳狀態，最後失去了健康。

維持身心方面的年輕、健壯，是相當重要的。

一個只知道埋首工作，很少休憩、娛樂的人，他的行動一定無法像一個經常休息、娛樂的人那麼靈敏，頭腦思路也無法保持清晰活絡，充滿創意和活力。

因此，無論是勞心的人或勞力的人，適時調養自己的身心，保持健全的體魄，對於工作是十分有益的。

許多尚未年老而身心已經衰疲的人，往往會覺得生活單調乏味枯燥不堪，原因就在於他們工作太過勤奮，一再重複著機械式的生活模式，休閒娛樂的時間太少。生活單調會摧殘生命的活力，可別被單調的生活扼殺了自己的創造力。

人人都應有一種深厚的興趣或嗜好，以豐富心靈，為生活增添滋味，同時也許可以藉著它，對自己的國家有所貢獻。

——戴爾·卡耐基

走出生活迷宮的幸福方程式——

往往在我們還沒有認識到人生的真諦時，人生便已消逝無蹤。因此，在生命之燈熄滅之前，一定要學會如何幸福地渡過一生。

你想過什麼樣的日子，障礙往往不在於外在環境，而在於你內在的那些想法。

如果你的想法是負面的，那麼即使置身天堂，也會過著地獄般的生活；假如，你的想法是正面的，就算目前的日子不那麼如意，依然可以用歡喜的心情面對。

人生是一種藝術，就如同繪畫一樣，一定要精通熟練各種技法才能揮灑自如；要達到熟練的程度，一定得花費不少時間，因此要記得「活到老，學到老」。

有一位女士好奇地問一位畫家，為什麼他不用圓規畫圓圈，卻能把圈畫得這樣圓。

那個畫家回答說：「太太，這其實非常簡單，只要你每天練習二小時，畫上四十年，妳便能畫得很圓了。」

然而，有幾個人願意為了把圓圈畫得很圓，而進行長達數年的練習呢？我們可以從許多在精神生活領域頗有成就的名人傳記中學到，只要內心自律、勤奮和修練，就能培養一片虔誠之心。

幸福是大家都想追求的，可是大家都不願多下功夫去爭取。事實上，幸福來自我們內心，而不是外界，幸福是從日常生活中一點一滴累積而成的。

幸福不像一盒餅乾、糖果隨時可以送到你手中。幸福是集合許多小東西拼湊而成的。分開來，這些小東西也許沒有什麼價值，可是湊攏來就變成了幸福。

幸福是一種要學習才能有所得的藝術，只要我們不斤斤計較，不以幸福為念，那麼幸福便自然會降臨。一個人一定要奉獻自己，原諒他人，心懷感謝，幸福才會歸於他。

幸福不是向人乞求來的，而是從心中創造出來的。

我們只要能把人生中的細節安排得很和諧，這種技巧和涵養便是獲得幸福的不二法門。

美國文學家愛默生曾說：「不管你要什麼，只要付出代價，你就可以帶走。」

我們要有信心、希望和幸福，也必須付出代價——把人生旅程中所遇見的可愛的事物，編織成一張奇妙和快樂的網。

幸福的法則其實很簡單，只要把人生中的砂礫，例如破滅的希望、無謂的憂愁等等，化為美善和安詳，就能獲得幸福。

生命是屬於我們的，如果我們不能從奇妙的人生中發掘幸福的意義，不能從人生的雜亂、不協調中找出幸福的節奏，那麼我們的一生便會空無所有。

人生須臾，往往在我們還沒有認識到人生的真諦時，人生便已消逝無蹤。因此，在生命之燈熄滅之前，我們就一定要學會如何幸福地渡過一生。

人要懂得從失敗中培養成功，因為，障礙與失敗，就是通往成功的兩塊最穩靠的踏腳石。

——卡耐基

細細咀嚼生命的豐美

美麗、愛戀、歡笑、愉悅都將是生命中不可磨滅的回憶。相反的，困苦、艱難、憂傷、愁苦瞬間就會過去。

美國高齡畫家摩西祖母在她的自傳《我的生命》中描述，她的小女兒安娜出生後，她便茹苦含辛照料四個孩子，孩子們出猩紅熱的那一年，她的生活過得格外艱苦。

儘管如此，摩西祖母只是淡淡寫道：「這一年日子難過，但仍像往年一樣過了。」

九十二歲高齡的摩西祖母的這番描述，可說是她生活態度的最好寫照。這種積極而又樂觀的生活態度，已經足夠說明為什麼她能活到九十多歲。

摩西祖母不是一個懵懵懂懂的婦人，六十歲之後，她仍然用愛戀的心情，詳細地描寫當年的結婚禮服、感恩節的晚餐，以及她與女伴們之間所鬧的笑話。

可是，對於這樣艱苦的一年，除了「這一年仍像往年一樣度過」外，她覺得沒有什麼值得記住的。

沒有人能解釋天才是怎樣造成的，因此也沒有人能確切地解釋，為什麼摩西祖母能成為一位卓越的畫家。

可是，你要是知道，為什麼她在九十多歲的高齡仍能活得如此機靈，如此精力充沛，如此多采多姿，那麼就能細細咀嚼「這一年仍像往年一樣度過」這句話中的哲理。

美麗、愛戀、歡笑、愉悅都將是生命中不可磨滅的回憶。相反的，困苦、艱難、憂傷、愁苦瞬間就會過去。

摩西祖母說得對極了！再怎麼艱苦的歲月，只要我們能記住這個道理，那麼，我們便可以抹去心靈上的創傷和醜惡，生命所賜予我們的也將是一場豐富的饗宴！

> 最長的莫過於時間，因為它永遠無窮無盡；最短的也莫過於時間，因為我們所有的計劃都來不及完成。
>
> ——伏爾泰《查第格》

從世俗的漩渦中超脫出來

如果你不想淪為一個虛有其表的人，就必須靠自己的心靈力量拯救自己，才能從世俗的漩渦中超脫出來。

英國思想家法蘭西斯．培根曾教導我們必須超越自己，他說：「人類在肉體方面的確與禽獸相近，如果在精神方面再不與神相類似，那麼，人就是一種卑污下賤的動物了。」

我們所處的是一個充滿虛榮、矛盾、媚俗、價值觀念極度紊亂時代。例如，許多人為了使自己的容貌體態更加優雅迷人，每天忙著照鏡子，用大量的化妝品粧點自己，卻從未想過如何才能充實內涵，使自己的心靈更美麗。

這樣既虛榮又虛無的人，終日帶著假面具取悅別人，最後終將淪為一個言語無味面目可憎的庸人。

人唯有先淨化自己的心靈，外表才會變得美麗動人。

所謂淨化心靈，具體地說，就是讓精神力量發揮淨化作用，培養純潔而高尚的情操，讓心靈安詳富足，對人生抱持善良、積極、開朗的態度。

超越自己的劣根性是必須的。一個人的生活是樂觀積極、多采多姿，或只是渾渾噩噩迷糊終生，甚至作姦犯科危害人群，完全取決於他抱持什麼樣的人生態度。

如果我們不用心去了解自己的個性和能力，當然就無從了解應該對人生抱持什麼態度，只會處心積慮地想使自己的外在形象獲得外界的肯定，而隨波逐流渡過一生。

人應該做到的是，淬勵自己的心智，並管理自己的行為。

真正的心靈淨化作用，除了自己之外，沒有人可以勝任，如果你不想淪為一個虛有其表的人，就必須靠自己的心靈力量拯救自己，才能從世俗的漩渦中超脫出來。

一切事情都得冷眼觀察，一切事情都得盤算掂量，別讓自己沉醉，別胡思亂想，幸福就會在眼前。

——岡察洛夫《平凡的故事》

PART 9

保持冷靜，才能擁有幸福人生

得意時，要以如履薄冰的心情來前進，
穩紮穩打地開拓人生的道路，
否則，很容易因此產生遺憾。

不要有享受差別待遇的心理——

當我們在享受差別待遇的同時，似乎沒有考慮到由於自己圖一時的方便，卻對別人造成多少的不便。

在塵世的旅程中，使我們消磨寶貴時光與精力的，通常不是重大的悲劇，而是瑣碎的小事所引起的煩惱。

放下心中那些「石頭」，千萬別為小事煩惱，更不要因為滿足自己的優越感，而想享受差別待遇。

不懂得放下的人總是斤斤計較形式上的虛榮，殊不知，這只會突顯自己的愚昧無知。

一位學者想到禪宗的寺院去參禪，但又覺得對該寺院很陌生，便要求一位從事佛學研究的朋友幫忙寫一封介紹信，沒想到他的朋友卻如此回答：「如果你想去參禪，我並不反對，但要我為你寫介紹信，似乎沒必要。我只能證明你是一位學者，不過這在禪的世界中，一點用處也沒有。」

想參禪的那位學者，因此感到相當羞愧。

「這段話真令我慚愧，我是個從事學術研究的人，卻想藉著介紹信享受差別待遇，這實在是很不應該的態度。這位佛教先進的一番話，恐怕是我參禪一、二年都無法領悟的。」

的確，我們一旦擁有了某種頭銜或人事關係，就容易萌生希望享受差別待遇的心理。例如，許多人在入學、住院、投標、求職時，都會想利用各種人事關係，使情勢有利於自己。

當我們在享受這種差別待遇的同時，似乎沒有考慮到由於自己圖一時的方便，卻對別人造成多少的不便。

還有，當我們陶醉在這種優越感時，恐怕不會去想到有朝一日這種關係改變時，自己又將面臨何種狀況。

母豬長得越肥，就越喜歡在泥沼裡打滾；水牛長得越肥，就越勇敢地朝屠夫走去；貪婪的人越健壯，就越傾向邪惡。

——約翰．班揚

保持冷靜才能擁有幸福人生

得意時，要以如履薄冰的心情來前進，穩紮穩打地開拓人生的道路，否則，很容易因此產生遺憾。

有位美女不只容貌美麗，性情也很溫柔，因此，很受人們的喜愛和仰慕。剛開始受到別人稱讚時，她都會微笑著，謙虛地回答：「你別開玩笑了。」

但是，時日一久，她就不知不覺地產生驕矜傲慢的心理，把別人的讚美視為理所當然。

由於她的態度轉變，使得大家不再喜歡她，原本奉承她的男性不再對她真心，女性則嫉妒她。雖然她找過工作，也結了婚，然而，都不能維持長久。

因為受不了這種種打擊，她最後投河自盡了。

是驕傲自大的態度使人遭遇不幸。謙虛謹慎、冷靜小心才是創造美好人生、避免坎坷厄運的關鍵。

一般人都難免有個毛病，如果很多事情似乎都相當順利的話，就忍不住得意起來，不知道反省為何物。

相信沒有人不希望自己一直都很順利，但是如果因為順利而讓自己驕傲、自滿和自大，這時反而最容易遭遇到挫折及障礙。

幸運的是，人往往在這種時候，才又會虛心地反省自己的作為，研究是否犯了什麼錯誤，仔細思考失敗的原因。

東方醫學的養生概念中，有「頭寒腳熱」這麼一句術語。

這是說為了健康，頭部必須隨時保持冷靜。因為，人在成功或欣逢喜事時，血液便容易上升到頭部，造成過分相信自己能力的結果，驕傲之心在體內滋長，必然使人盲目而不能保持冷靜。

所以，得意時，愈要注意自己的腳底，要以如履薄冰的心情來前進，穩紮穩打地開拓人生的道路，否則，很容易因此產生遺憾。

再多的錢財也填不滿一個人貪婪的眼睛，這就好像即使有再多的露水，也填不滿一口水井。

——薩迪

要幸福，就從現在開始

真正實在的時間，就是現在的一刻。我們善於把握現在就是善於生活，現在有怎樣的生活，將來就有怎樣的成就。

沒有任何一段時間比我們眼前的這一刻更加實在。

過去的，已成為生活的陳跡，未來的則尚未來到，有時只能在心理計劃和盼望，不是我們可以確實掌握的。

因此，徒然懷念過去，或是癡癡地寄望未來，只是生活在回憶或幻想的夢境中而已。真正實在的時間，就是現在的一刻。善於把握現在就是善於生活，現在有怎樣的生活，將來就有怎樣的成就。

「即刻開始，不要遲疑」，這就是成功生活的秘訣。凡事拖到明天，就永無成功之日。我們經常希望明天做什麼，但如果這一刻不做，是一點意義都沒有的。

因為，明天充滿變數，然而，現在的這一刻卻是明天的胚芽，我們今天的成就足以預示明日的成功。

只有我們現在所想所做的，才是我們的生活，才足以決定我們成功與否。真正具有決定性影響力的一刻，便是現在；不會善用現在，便是一種浪費、逃避的做法。

人是世界的主人，年輕、美麗，征服了世界，改造了大地，會使草木生長，能和樹木、野獸、天神談心。

——羅曼羅蘭

今天是通往夢想的橋樑

> 我們希望明天怎樣，或是希望明天做什麼，就必須從現在開始。這是使我們擁有美好生活的唯一有效的途徑。

大多數人都以為生命存在於未來，希望在未來的時日中，當環境獲得改善，再好好的生活。

對我們來說，眼前的一刻，似乎不太值得付出心血去努力。

我們總是以錯誤的心理，把希望寄於將來，因此一延再延，希望明天再改善我們的工作，或是希望將來再改進我們的缺失、改變我們的境遇，盼望著明天會有奇蹟出現。

我們希望明天改變工作上的壞習慣，使工作更有效率、更趨完美，技巧更熟練。我們相信，明天將使我們的品德更健全，內在的心靈活動更豐富，與他人之間的關係更和諧。

但是，生活就是現在。生命所包含的，只是此刻的思想與行為，希望在明天獲得改進，乃是自欺欺人的幻想。

明天尚未來到，最真實的只有今天，而且明天的生活，將會全依據今天的生活方式展開。

我們希望明天怎樣，或是希望明天做成什麼，就必須從現在開始做。這是使我們擁有美好生活的唯一有效的途徑。

> 要是我們已經活過的那一段人生，只不過是個草稿，另一段則開始謄寫著人生，那該有多好！
>
> ——契訶夫

左右自己生命的浮沈

事實上，擊敗我們的，不是生活、命運，也不是外界環境的勢力，而是我們本身的缺失。

普通人最常見的錯誤思想，是以為不能得到成功或幸福，全由於環境不良的結果。

何不深入的想一想：我們所遭遇到的失敗，正是自己的軟弱、缺陷或是疏忽所造成。

這樣想，似乎會傷了我們的自尊心。不過，事實正是如此，擊敗我們的，既不是生活、命運，也不是外界環境的險惡勢力，而是我們本身的缺失。

不錯，一個人的天資不夠，環境不佳，不是他所能控制的。

一個人出生在貧寒的家庭，若是缺乏適當的教育，無法獲得良好的社會地位，沒有崇高的理想與道德標準，而想要克服重重難關，企圖有所發展，當然並不容易。

一個人想要克服病痛，克服機會的缺乏、金錢的不足，以及改變不良的教養等，的確不是一件簡單的事。

社會的局勢、世界的潮流、經濟的恐慌、戰爭的威脅……在在都是成功的絆腳石。

但一個明顯的事實，擺在我們面前，那就是有許多人克服了這些障礙，終於苦盡甘來，獲得輝煌的成就。

因此，我們可以合理地推論，既然有人可以這樣做，足見人性中原來就具有一股力量，足以左右自己生命的浮沉，不怕披荊斬棘的人，終會獲得甜美的果實。

一個人若是想把生活變得更有意義、更有價值，那麼，就不能做「言語上的巨人，行動上的侏儒」。

不要老是替自己找藉口，必須鞭策自己採取行動，以實際的做法讓每一天都是生命中的傑作。

走上人生的旅途吧！路途也許很遙遠，也許很黯淡，但是，不要害怕，不害怕的人前面才有道路。

——居禮夫人

要努力，不要靠運氣

成功，是因為我們已發展了控制環境主宰生活的能力。失敗了，不是由於天上星宿的隕落，而是我們自身的努力不夠。

心理學者早已發現：擊敗一個人的，不是外界環境的阻礙，而是決定於他對環境如何反應。

如果人允許環境控制自己，那麼，很難避免失敗的厄運。相反的，一個人如果用歡喜的心情面對環境以不屈不撓、堅忍不拔的奮戰精神去面對困難，那麼，成功是指日可待的。

人本來就是自己命運的主人，但必須要有堅強的意志，才能取得控制周遭環境的主權；如果不能控制住周遭的環境，那麼，失敗就難免了。

失敗或成功不是承自於我們祖先的弱點或原罪，也不是星宿、運氣，或我們的背景和貧窮，更不是我們缺少機會，而是完全取決於我們自己的心態。

如果我們成功了，那是因為我們已經迎向前去，發展了控制環境主宰生活的能力。

如果我們失敗了，不是由於天上星宿的隕落，而是我們自身的怠惰，努力還不夠。

對我來說，人生既沒有美麗，也沒有羅曼史，人生就是原來的面目。因此，我準備以原來的面目接受人生。

——蕭伯納

要改善人際關係，先檢討自己

改善人與人之間的關係，首先是檢討自己。我們與他人間不和睦的導火線，說不定就藏在自己的身上！

我們是否與別人相處得不太好呢？

如果我們在團體生活中與別人合不來，那麼無疑的，我們一定是先與自己過意不去。

我們不能與人和睦相處，很可能是因為自己對人不懷好意。

在他人身上所見到的，往往是自己所反射出去的態度與情感的回映。如同照鏡子一般，我們的表情、態度，可以由他人對我們的表情與態度上一覽無遺。

因此，在我們與他人間的關係中，可以直截了當地說，如果我們本身不友善，他人對我們也不會友善；他人不能信任我們，正是我們不能信任他人的結果。我們先有不安全的感覺，以為他人在敵視我們，於是戰爭就爆發了。如果我們心中充滿了嫉妒與敵視，便不容易與他人和平相處。

這種投射作用，會在不知不覺中破壞我們與他人間的關係。除非我們先改善待人的態度，不然，這種關係無法改善。

我們最好先自我檢討，不能與他人和睦相處，究竟是他人的錯誤，還是我們自己呢？

當然，這並不是說一切惡劣的人際關係，完全來自我們內在的毛病。或許，是我們缺乏與人相處的技巧，或許完全是他人的無理取鬧所造成的。

然而，有些事實提醒我們，別人待我們不友善，也許是我們先存有不友善的偏見。在這種情況下，我們最好是掃除內心的偏見，革新內在的想法。把一切帶有破壞性的情感、態度連根拔起，代之以信任、尊重與內心的和平。

改善人與人之間的關係，首先是檢討自己。我們與他人間不和睦的導火線，說不定就藏在自己的身上！

只有滿懷自信的人，才能在任何地方都充滿自信地沉浸在生活中，並實現自己的意志。

——高爾基

打定主意就要盡力

只要有堅決的意志，一個庸俗無能的人也有成功的一天；否則，即使是才識卓越的人，也將遭受徹底的失敗。

蘋果電腦創辦人賈伯斯曾經說：「只要有自信，所有的逆境都會成為你邁向成功的順境。」

在「人生大海」中，我們不能期望它永遠風平浪靜，必須學會如何在狂風暴雨當中，用自信將自己的「生命之舟」順利駛向成功的彼岸。

如果你已經仔細地審查過自己，認識性格、學問、特殊才幹、愛

好，同時也找到與你的能力和個性相符的職業，那麼，請不必再傍徨，立刻打定主意，傾全力在你的工作上。

要戰勝生活中任何困難和障礙，一定要有永不動搖的決心，因為決心就是成功之母。

有決心的人，誰都會對他百分之百的信任。

社會上的失敗者，大多數不在於他們沒有能力、誠心或希望，而是在於他們沒有堅強的決心。

這種人做起事來往往有頭無尾、東拼西湊，懷疑自己是否能夠成功，到頭來總是以失敗收場而遺恨終生。

世上沒有一個遇事遲疑不決而能成就事業的人。

「成功」只有兩個最重要的條件：堅決和忍耐，因為人們最相信的只有意志堅決和有忍耐力的人。而且，只要有堅決的意志，一個庸俗無能的人也有成功的一天；否則，即使是才識卓越的人，也將遭受徹底的失敗。

時代清楚地告訴我們：有勇氣的人，做起事來處處非同凡響，也容易出人頭地。

沒有誰不願與有勇氣的人接近，決心固然可貴，但難免因力量不足而受阻，而瞻前顧後，唯有勇氣才可長驅直入，沒有人能夠阻擋，成功也才會指日可待。

我們的一切損失皆可以補救，我們的痛苦都可以安慰，但是當青春告別之時，它從我們心上把一些東西帶走，而且永不回頭。

——桑塔亞納

勇氣讓你出人頭地

要獲得成功，必須讓人知道你不是一個可以任人捏成各種形狀的人，而是個充滿勇氣的人。任何事情到了你的手裡一定令它成功。

不屈不撓、百折不餒的精神，往往是獲得一切勝利的前驅，請試舉世界的成功偉人，哪一個是遇事畏首畏尾、徘徊不前的？

一個事業成功的人，遇事總是勇往直前，而一個只知道依賴的人，除非旁邊常常有人加以勸勉，否則毫無堅決的意志和勇敢進取的精神，也缺乏獨立的思考，更受不起一點打擊，這種人永遠只能跟著別人的腳步走路，永遠也不會有出人頭地的一天。

請記住，要獲得成功，必須讓人知道你不是一個可以任人捏成各種形狀的人，而是個充滿勇氣的人。

你必須塑造一個印象，就是讓四周的人知道，任何事情到了你的手裡一定令它成功。一旦堅決、忍耐、機智、靈敏等的佳譽傳出去之後，任何認識、聽說過你的人都歡迎你，無論你走到哪裡，都不難謀得一個很好的位置。

只有處事堅決、神速、有志向、有勇氣的人，才能完成事業，有百折不撓的精神，面對困難才不會有不肯負責或臨陣脫逃的情事發生。也因此，他們才能將全部的力量發揮出來，創造成功。

困難是一面鏡子，高懸在生命的險峰，它照出勇士攀登的英姿，也現出懦夫退卻的身影。

——蕭伯納

最有效的靈活交際謀略

SOCIAL INTERCOURSE

The separation of impersonal and significant relationships. In order to engage in Social Intercourse, one must consider the other individual to be significant. This situation can be expressed through shared music, laughter, or deep and meaningful conversation.

把陌生人
變成
自己的貴人

威爾·羅傑斯曾經寫道：
平日多結交一些在關鍵時刻對你有幫助的人，因為，這些人很可能會成為你面臨危機時刻向你伸出援手的貴人。

的確，一個人想要成功，除了靠本身的實力和努力之外，貴人從旁適時推一把，絕對是重要關鍵。
所謂的人際關係，就是關鍵時刻可以適時運用的有效關係；所謂的貴人，就是危急時刻願意對你伸出援手的人。
事實上，對那些成功人士而言，人際關係都是精心打造的，貴人也往往是用心經營獲得的，就看本身能不能有效活用交際謀略。

羅策 = 編著

國家圖書館出版品預行編目資料

用歡喜的心情，面對苦惱的事情／
南明離火著. —第 1 版. —：新北市, 前景
民 107.06 面；公分. -（生活禪：03）
ISBN◉978-986-6536-68-7（平裝）

作　　者　南明離火
社　　長　陳維都
藝術總監　黃聖文
編輯總監　王　凌
出 版 者　前景文化事業有限公司
行銷企劃　普天出版家族有限公司
新北市汐止區康寧街 169 巷 25 號 6 樓
TEL /(02) 26921935（代表號）
FAX /(02) 26959332
E-mail：popular.press@msa.hinet.net
http://www.popu.com.tw/
郵政劃撥 19091443 陳維都帳戶
總 經 銷　旭昇圖書有限公司
新北市中和區中山路二段 352 號 2F
TEL /(02) 22451480（代表號）
FAX /(02) 22451479
E-mail：s1686688@ms31.hinet.net
法律顧問　西華律師事務所・黃憲男律師
電腦排版　巨新電腦排版有限公司
印製裝訂　久裕印刷事業有限公司
出 版 日　2018（民 107）年 6 月第 1 版
ISBN◉978-986-6536-68-7　條碼 9789866536687

生活禪
03
用歡喜的心情，面對苦惱的事情